PRENDRE DES DÉCISIONS DANS UN MONDE INCERTAIN

THOMAS HOUY
VALÉRIE FERNANDEZ

PRENDRE DES DÉCISIONS DANS UN MONDE INCERTAIN

DECISION MODEL CANVAS (DMC), LA MÉTHODE EN 12 ÉTAPES

DUNOD

Suivi éditorial : Innocentia Agbe, Ludivine Le Gall, Roxane Vincent
Couverture : Violette Eckmann
Fabrication : Nelly Roushdi Nabih
Mise en pages : Nord Compo

NOUS NOUS ENGAGEONS EN FAVEUR DE L'ENVIRONNEMENT :

PAPIER CERTIFIÉ

Nos livres sont imprimés sur des papiers certifiés pour réduire notre impact sur l'environnement.

Le format de nos ouvrages est pensé afin d'optimiser l'utilisation du papier.

Depuis plus de 30 ans, nous imprimons 70 % de nos livres en France et 25 % en Europe et nous mettons tout en œuvre pour augmenter cet engagement auprès des imprimeurs français.

Nous limitons l'utilisation du plastique sur nos ouvrages (film sur les couvertures et les livres).

11 rue Paul Bert, 92240 Malakoff
www.dunod.com
ISBN 978-2-10-087273-2

Sommaire

Introduction

Alors que l'économie française commençait, dans un contexte de tension des prix, à se relever de la crise du Covid-19, le conflit en Ukraine a éclaté, démultipliant la dynamique inflationniste déjà enclenchée trois ans auparavant. Dès lors, les prix de l'énergie, des engrais, des céréales, etc., n'ont cessé d'augmenter, mettant en danger de façon totalement inattendue les professionnels de nombreux secteurs du monde économique : transport (taxis, compagnies aériennes, sociétés de fret maritime), santé à domicile, industries fortement consommatrices d'énergie, agriculture, pêche. Leur mise à mal a ainsi rendu caducs nombre de plans financiers prévisionnels et de modèles d'affaire des chaînes d'approvisionnement. Crises sanitaire et géopolitique étaient inattendues et leurs effets conjugués dans un contexte inflationniste n'avaient jamais été observés jusqu'alors.

Le marché de l'immobilier a historiquement toujours connu des hauts et des bas. Pour autant, après une période d'euphorie particulièrement longue, il fait récemment face à un retournement de tendance dont tout le monde s'accorde à reconnaître qu'il ne ressemble pas aux précédents, résultant de décisions de réglementations financières prises quelques années auparavant dans un contexte économique où n'avaient été anticipés ni l'inflation, ni le déséquilibre des forces économiques internationales. Or, un secteur immobilier en souffrance génère des effets en chaîne.

L'univers économique s'est ainsi transformé, imbriquant désormais crises politiques et sanitaires, dérèglement climatique et régime intensif d'innovations technologiques dans des dynamiques nouvelles qui impactent le monde des affaires à tous les horizons de management : tant stratégique qu'opérationnel.

D'UN MONDE RISQUÉ À UN MONDE INCERTAIN

Jusqu'à il y a quelques années, les professionnels devaient prendre des décisions en ne sachant pas ce qui allait advenir demain. Mais ils étaient au moins capables d'identifier les futurs possibles et probables. À ce titre, ils évoluaient dans un univers « risqué ». Aujourd'hui, les professionnels sont dans une situation bien plus complexe. Ils n'ont plus la possibilité d'anticiper la probabilité de survenance des événements qui, pour la plupart, sont inimaginables lors du processus décisionnel. Ils évoluent donc dans un univers « incertain ».

Les entreprises sont en effet confrontées à une instabilité de plus en plus forte des marchés, aux préférences de consommations qui changent à un rythme effréné et aux ruptures de tendance. Les comportements des agents sont de plus en plus erratiques et il devient complexe d'établir des prévisions fiables en raison du grand nombre d'interdépendances entre les acteurs économiques : il en est ainsi par exemple des instabilités des chaînes d'approvisionnement mondialisées dues à des facteurs isolés (pénurie des puces électroniques, congestion des ports, tensions géopolitiques...). Les relations entre certaines variables des modèles économiques apparaissent désormais équivoques rendant complexe l'établissement de rapports de causalité entre les variables d'un même système. Au sein d'une entreprise, d'un écosystème ou d'un secteur d'activité, les influences sont dès lors multidirectionnelles. Volatilité (*volatility*), incertitude (*uncertainty*), complexité (*complexity*) et ambiguïté (*ambiguity*) sont autant d'attributs qui caractérisent le contexte dans lequel les entreprises évoluent. L'acronyme associé, VUCA, s'est d'ailleurs largement répandu dans la presse économique. Mais au-delà du constat, demeure la question de la difficulté à prendre des décisions dans cet univers marqué par l'incertitude.

Pour décrire les spécificités du nouveau contexte économique auquel font dorénavant face les entreprises et apporter des réponses en matière de prise de décision, les chercheurs mobilisent plus fondamentalement le concept d'incertitude au sens de Frank Knight (1921), l'un des plus illustres contributeurs à la théorie de la décision. Dans son célèbre ouvrage *Risk, Uncertainty and Profit*, Frank Knight établit ainsi une distinction nette entre les notions de risque et d'incertitude. Le risque naît dans des environnements au sein desquels les agents économiques disposent d'informations quant aux probabilités de survenance des événements. Pour le dire de manière triviale, une situation est réputée risquée lorsque les événements A ou B peuvent survenir avec des probabilités respectives qu'il est possible d'estimer. Par exemple, un environnement est risqué si A a 1 chance sur 3 de se produire, et si B en a 2 sur 3. L'incertitude montre quant à elle des propriétés différentes. Elle prend forme dans des environnements au sein desquels la nature des événements et leur probabilité d'occurrence sont inconnues. Autrement dit, dans une situation incertaine, les agents économiques continuent de ne pas savoir si l'événement qui surviendra sera A ou B. Il se peut même qu'un autre événement surgisse (appelons-le C) et, de surcroît, personne ne peut attribuer de probabilité d'occurrence aux événements A, B et C.

Cette distinction entre le risque et l'incertitude peut sembler futile. Certains pourraient même y voir une forme de perfectionnisme sémantique mal placé, notamment en raison de la confusion qui est habituellement opérée dans le langage courant entre ces deux notions. Mais ne vous y trompez pas. Dans le monde des affaires, cette distinction est essentielle. Reconnaître ce qui sépare l'« incertitude » du « risque » est probablement la seule façon de comprendre pleinement le changement de paradigme auquel sont confrontées les entreprises.

PRENDRE DES DÉCISIONS DANS UN MONDE INCERTAIN

Les professionnels ont-ils vraiment conscience de la transformation qui est en train de s'opérer sur leur environnement ? Savent-ils que le monde du risque dans lequel ils ont pris l'habitude d'agir est en train d'être remplacé par celui de l'incertitude ? Certainement pas assez. En effet, nos observations nous laissent penser qu'une très grande partie des professionnels ne mesure pas pleinement le changement de modèle qui est à l'œuvre. La plupart du temps, ils ressentent que leur environnement devient de moins en moins prévisible. Ils changent assurément légèrement leurs postures face à l'avenir : par exemple, ils doutent davantage lorsqu'ils s'aventurent à faire des prévisions et s'expriment avec plus de nuances quand ils se projettent dans le futur. Mais ces changements restent superficiels et ne sont pas à la hauteur de la rupture espérée. Alors même que tout ou presque devrait changer – leurs stratégies, leurs décisions et leurs comportements –, les professionnels continuent d'agir avec des routines et des pratiques anachroniques, adaptées à un monde risqué, sans incertitude.

Or, les manières de faire et d'agir qu'il convient d'adopter dans un contexte d'incertitude sont radicalement différentes. Prenons un exemple de bonne pratique dans le monde du risque et montrons qu'elle n'a aucun sens dans l'incertain.

Dans un univers risqué, il est souvent recommandé de faire des calculs pour comparer les conséquences de chaque option et permettre ainsi aux agents économiques d'opter pour la meilleure d'entre elles. Cette pratique revient à objectiver les conséquences de chaque option de manière que le décideur puisse choisir celle qui lui semble être la meilleure en fonction de son tempérament et de la probabilité de survenance des événements.

Dans un univers incertain, ce genre de méthode n'a aucun sens parce qu'il n'existe aucune donnée capable d'alimenter de tels calculs. Puisque les événements ne sont pas connus à l'avance, leurs probabilités de survenance ne le sont donc pas non plus. Le champ des possibles s'avère ainsi infini. Dans ces conditions, la bonne pratique identifiée dans un univers risqué est inapplicable.

La bonne pratique à adopter dans un contexte d'incertitude consiste à suivre un cheminement fondé sur des explorations, en procédant « chemin faisant ». Cette manière de faire renvoie à un grand nombre de travaux de recherche sur la question de la rationalité et de la prise de décision. Ce cheminement correspond aux douze étapes détaillées dans les prochains chapitres de ce livre. Il serait précipité de dévoiler toutes ces étapes ici, dès l'introduction. Pas tant parce que nous souhaitons garder une forme de suspense sur leur énoncé, mais plutôt pour nous laisser la chance de vous les présenter minutieusement, en détail, en les contextualisant et en les référençant. Nous vous invitons donc à lire les prochaines pages pour comprendre comment agir et décider dans l'incertain.

VULGARISER LA RECHERCHE POUR LES PROFESSIONNELS

Les professionnels sont-ils aidés pour prendre des décisions dans un environnement imprévisible ? Non. L'immense majorité des outils à la disposition des professionnels a été pensée pour faciliter leurs prises de décision dans un univers risqué. Ces outils reposent tous sur une logique d'accumulation des données passées et de traitement des informations disponibles. Cette routine est pertinente dans un monde risqué mais perd de son sens dans un monde incertain, puisque, par définition, le futur n'y est plus corrélé ni au présent, ni au passé. La récolte de données sur les événements passés n'améliore en rien l'acuité des décisions à prendre. En raison de l'obsolescence des instruments à leur disposition, les professionnels ne sont aujourd'hui pas correctement aidés et outillés dans leurs prises de décision.

Sur le sujet de l'incertain, notre métier de chercheurs nous offre une position intéressante. La littérature scientifique a en effet produit des travaux remarquables sur les modalités optimales d'action dans des environnements où règne l'incertitude. S'appuyant le plus souvent sur des études comportementales, ces recherches constituent un corpus d'analyse dense quant aux manières d'agir dans l'incertain. Malheureusement, ces travaux n'ont pas suffisamment pénétré le monde des entreprises. Nous pensons donc qu'il est important de les populariser auprès des professionnels.

L'absence d'essaimage au sein du monde du travail des résultats académiques existants sur le thème de l'incertitude s'explique assez bien. En effet, les chercheurs et les professionnels expriment une forme de désintérêt réciproque pour ce que produit l'autre partie. D'un côté, les professionnels perçoivent souvent les travaux académiques comme des productions hors sol, indigestes et incapables de répondre à leurs préoccupations. Cette critique est en partie fondée. Certaines recherches ont une telle coloration théorique qu'il est parfois difficile de leur trouver une application concrète. Les chercheurs ont par ailleurs tendance à employer un vocabulaire d'expert parce qu'ils se refusent à être imprécis sur le plan des idées. Le revers de cette précision réside dans la création d'une grammaire propre aux chercheurs et peu intelligible pour ceux qui n'appartiennent pas à cette communauté. Enfin, les chercheurs abordent souvent des questionnements très précis, exclusivement au travers du prisme de leur propre discipline. Prise une à une, les recherches sur l'incertain semblent donc apporter peu de réponses aux professionnels, qui approchent ce sujet de manière holistique, sans considération pour la manière dont les disciplines scientifiques sont structurées. Autrement dit, du point de vue des praticiens, la recherche sur l'incertain ressemble à une mosaïque de travaux hétérogènes et atomisés dont ils ne savent légitimement quoi faire.

De l'autre côté, les chercheurs observent, à regret, que les résultats de la recherche académique n'occupent pas forcément une place de choix dans les entreprises. Les praticiens promeuvent une culture qui attribue beaucoup de valeur à l'intuition et à la vision. Mais en matière d'incertain, ces deux qualités ont en réalité peu d'influence. Elles s'effacent au profit d'autres compétences, souvent considérées à tort comme moins nobles : la capacité à admettre ce que l'on ne sait pas, à remettre en cause ses certitudes ou encore à mettre à distance ses pressentiments. Pour évoluer avec succès dans l'incertain, les études comportementales montrent qu'il est préférable de piloter ses projets sans déterminisme, avec une certaine humilité intellectuelle et dans une posture d'ouverture à d'autres regards et modes de pensée. Or, ces qualités ne sont pas forcément promues dans le monde professionnel, ce qui peut parfois doucher les velléités de certains chercheurs à se rapprocher des entreprises.

Si cette distance est regrettable en général, elle devient particulièrement dommageable pour le sujet de l'incertain car les professionnels pourraient significativement augmenter la pertinence de leur prise de décision en actionnant les travaux les plus emblématiques des chercheurs. À condition de les connaître et si toutefois les chercheurs consentaient à rendre leurs travaux plus actionnables (mobilisables).

C'est précisément de ce regret qu'est née l'idée du présent ouvrage et plus largement de notre initiative consistant à populariser les travaux de recherche sur l'incertain pour les mettre dans les mains des professionnels afin de les aider à prendre des décisions pertinentes dans le monde incertain d'aujourd'hui.

LES ENJEUX ET FONDEMENTS DE NOTRE MÉTHODE

Si l'énoncé de notre ambition est clair, la mission est délicate. Pour reprendre une célèbre expression : « Notre route est droite mais la pente est forte[1]. » Jeter un pont entre les sphères académiques et professionnelles n'est pas un exercice neutre car il nécessite d'endosser trois objectifs forts qui sont autant d'exigences que nous nous sommes fixées pour la conception de cet ouvrage. Ils sont les piliers du manifeste qui sous-tend notre projet.

Le premier parti pris est d'adopter une approche actionnable dans notre discours. Tous les concepts discutés dans ce livre doivent être manipulables sans difficulté par les professionnels. Ils doivent pouvoir trouver dans nos propos une démarche de gestion de projet, prête à l'emploi, leur permettant de résoudre les problèmes qui traversent leurs organisations. Sur la forme, cet objectif se traduit par l'impérieuse nécessité, pour nous, de recourir à des argumentaires intelligibles. Si certains résultats présents dans la littérature académique se basent sur des raisonnements formalisés et nécessitent de ce fait des compétences avancées en algèbre ou en statistique, alors il nous faudra pouvoir les expliquer sans recourir aux mathématiques ou faire le choix d'exclure ces résultats du périmètre de notre analyse. Sur le fond, ce premier objectif s'appuie également sur le fait de ne traiter que de sujets en lien avec les préoccupations quotidiennes des praticiens. Si une idée produite par le monde académique est enthousiasmante mais ne trouve pas d'applications concrètes pour les praticiens, alors nous l'avons éliminée de notre terrain d'étude.

1 Discours à l'Assemblée nationale de Jean-Pierre Raffarin le 3 juillet 2002.

Nous avons poussé cette première volonté jusqu'à concevoir un outil d'aide à la décision qui intègre l'ensemble de nos réflexions sur l'incertain. Cet outil, appelé le Decision Model Canvas (DMC), sera le fil directeur du présent ouvrage et de tout notre argumentaire sur l'incertain. Présenter nos réflexions en nous imposant de les mettre en scène dans un outil nous est apparu comme une garantie pour nous assurer de leur portée opératoire.

Le deuxième objectif visant à rapprocher la sphère académique et professionnelle découle des approximations qui surviennent inévitablement lorsqu'on souhaite rendre accessibles les travaux de recherche complexes. Certaines théories produites sur l'incertain sont essentielles dans la compréhension de nos mécanismes de prise de décision et de leur biais. Pour autant, elles montrent quelques fois un trop grand nombre de subtilités et de raffinements qui ne servent pas leur compréhension. Dans ce cas, nous faisons le choix de vulgariser ces travaux pour en proposer un nouvel éclairage. Nous assumons donc de recontextualiser certaines recherches dans le but de les mettre à la portée d'un public qui privilégie souvent l'idée maîtresse sur les détails. Cette manière de faire nous permet de conserver la puissance de la thèse principale défendue par les auteurs d'un article scientifique et de lui offrir une plus large audience.

Le troisième parti pris de notre démarche porte sur l'indispensable pluridisciplinarité avec laquelle nous devons approcher notre sujet. Prendre une décision dans l'incertain ouvre un grand nombre de problématiques, traitées par des disciplines différentes : les statistiques, l'économie comportementale, la finance, le management, la psychologie, etc. Pour concevoir une méthode cohérente et pertinente sur la prise de décision dans l'incertain, il est essentiel de faire dialoguer ces disciplines entre elles. C'est uniquement à la faveur d'un travail pluridisciplinaire que nous réussirons à attaquer notre sujet sans biais, de manière exhaustive et en profitant surtout de la richesse des différentes grilles d'analyse proposées par les différentes spécialités académiques.

Présentation de l'outil : le Decision Model Canvas

POURQUOI CE NOM ?

Le nom « Decision Model Canvas » (DMC) fait référence à un célèbre outil de gestion développé au début des années 2010 par deux chercheurs, Alexander Osterwalder et Yves Pigneur (Osterwalder et Pigneur, 2011). Cet outil de gestion, le Business Model Canvas, permet en effet aux professionnels de décrire le modèle d'affaires (*business model*) d'entreprises innovantes. Le Business Model Canvas a connu un grand succès auprès des entreprises (et des universitaires) et reste encore très utilisé, car il est à la fois simple d'usage et très performant dans les analyses business qu'il permet de développer. Nous nous inscrivons dans l'esprit de ce type d'outil de gestion et avons repris le terme « *canvas* » (traduction du mot « canevas » en français, soit un schéma de narration) pour développer notre méthode dédiée à accompagner un processus de décision dans l'incertain.

LES TROIS GRANDES VERTUS DU DMC

Notre métier de chercheur nous offre une double exposition : nous sommes à l'interface des mondes professionnels et académiques. D'un côté, nous pouvons observer le comportement des entreprises. De l'autre, nous pouvons étudier la production scientifique qui traite de celles-ci. À partir de cette position d'observation originale, nous avons fait différents constats quant aux pratiques de prise de décision et associons trois enjeux à notre méthode : débiaiser la prise de décision, aider à agir et fonder nos propositions sur des travaux scientifiques de référence.

Débiaiser la prise de décision

Les agents économiques sont régulièrement victimes de biais cognitifs dans leurs décisions. Ce phénomène s'observe dans des environnements stables ou prévisibles. Il s'aggrave dans un contexte d'incertitude. Pour en apporter la preuve, nous pouvons nous réfugier derrière les travaux du prix Nobel d'économie, Daniel Kahneman. Il est l'un des chercheurs qui a produit les articles les plus remarqués au sujet des biais cognitifs. En 2002, il a d'ailleurs reçu la plus haute distinction en économie pour ses recherches sur les travers comportementaux des agents économiques. Parmi les nombreux biais qu'il a identifiés chez les praticiens figurent notamment le biais de disponibilité et le biais de substitution. Arrêtons-nous sur ces deux biais en particulier car ils prennent une importance supplémentaire au moment où notre environnement passe de l'ère du risque à celle de l'incertain.

Commençons par le biais de disponibilité. Pour Daniel Kahneman, les individus sont des *homos œconomicus* imparfaits dotés d'une rationalité qui peut être questionnée. Leurs décisions sont souvent prises à partir de raisonnements fondés sur des associations d'idées, des raccourcis et de routines mentales. Lorsque le contexte change, il devient alors difficile pour eux d'assimiler les nouvelles informations propulsées par le nouveau contexte. Lorsqu'un agent économique n'arrive pas à assimiler les changements imputables aux transformations du contexte dans lequel il évolue et qu'il continue de fonder ses décisions sur les mécanismes à l'œuvre dans l'univers précédent, alors il est victime du biais de disponibilité.

Poursuivons avec le biais de substitution. Dans un contexte d'incertitude, les questions que se posent les praticiens deviennent complexes.

La lettre C de l'acronyme VUCA[2] a été pensée pour nous le signifier. Or, l'être humain n'aime pas la complexité. Les agents économiques vont donc avoir tendance à remplacer les questions complexes par des questions simples pour lesquelles ils ont une réponse. Prenons un exemple pour illustrer cette idée. Considérons un dirigeant d'entreprise qui envisagerait d'exporter son produit ou son service en Chine. La question de savoir si ce projet pourrait réussir (ou pas) est complexe. Une question plus simple que le dirigeant pourrait se poser serait : existe-t-il un acteur en Chine qui fait déjà la même chose que moi sur place ? Cette question sur l'état de la concurrence en Chine est bien plus simple. Il est surtout facile d'y obtenir une réponse. Mais cela n'apporte aucune réponse définitive à la question complexe initiale. Ce glissement de la question complexe vers la question simple est souvent inconscient et amène de nombreux acteurs économiques à commettre des erreurs.

Avertis de l'existence de ces biais, nous avons voulu concevoir un outil, le DMC, qui permette de débiaiser la prise de décision des porteurs de projet en leur évitant de tomber dans le piège des biais cognitifs courants. Concrètement, les travaux de chercheurs évoqués dans plusieurs cases du DMC sont là pour rappeler aux collaborateurs d'une entreprise le nouveau contexte d'incertitude dans lequel ils évoluent. De plus, notre outil rompt avec les habitudes intellectuelles mobilisées par les praticiens dans le monde du risque et empêche objectivement les professionnels de tomber dans le biais de disponibilité. Par ailleurs, les questions posées aux praticiens tout au long de leur utilisation du DMC sont suffisamment précises pour qu'ils puissent contourner le piège du biais de substitution.

Aider à agir

Notre deuxième observation sur le monde des entreprises concerne l'épineuse problématique du passage à l'acte autour des idées novatrices. Pour un grand nombre d'entreprises, nous constatons que le problème n'est pas

2 L'acronyme VUCA pour : *Volatility, Uncertainty, Complexity, Ambiguity* (en français : volatil, incertain, complexe, ambiguë).

tant le manque d'idées que l'inaptitude à pouvoir les mettre en œuvre. Dans beaucoup d'organisations, les collaborateurs ont de multiples idées, mais la plupart d'entre elles restent malheureusement dans des cartons car les porteurs de projets peinent à passer à l'action. Dans ce cas, les idées restent des propositions abstraites et ne sont finalement jamais testées. La deuxième vertu du DMC réside dans le fait de structurer le passage à l'action pour les entreprises qui en ont besoin. Le DMC est en effet un outil qui engage les collaborateurs à expérimenter. Il oriente la démarche de réflexion et de décision, ce qui les aide à transformer leurs idées en projets.

Fonder nos propositions sur des travaux scientifiques de référence

Notre troisième observation provient de notre proximité avec la littérature académique. En lisant les articles scientifiques sur l'incertain, nous avons nourri une conviction : plusieurs disciplines scientifiques ont produit des avancées majeures sur les manières de se comporter dans l'incertain. Surtout, la littérature recèle de nombreux travaux susceptibles d'aider significativement les praticiens dans leur prise de décisions. Or, comme nous le signalions déjà précédemment, ces travaux n'ont pas encore essaimé la sphère professionnelle. La troisième vertu du DMC est donc d'amener les professionnels à l'état de l'art de la production scientifique sur l'incertain pour qu'ils puissent prendre leurs décisions, à la frontière de la connaissance.

Ainsi, sachez que nous évoquerons les travaux de plusieurs prix Nobel, chercheurs de référence dans différents domaines des sciences sociales et essayistes à la frontière des mondes académiques et des affaires. Ils se nomment Dan Ariely, Icek Ajzen, Raymond Christal, Edwards Deming, Peter Drucker, Karl Duncker, David Dunning, Charles Goodhart, Joy Paul Guilford, Daniel Kahneman, Frank Knight, Norris Krueger, Justin Kruger, James March, Saras Sarasvathy, Albert Shapero, Herbert Simon, Lisa Sokol, Nassim Taleb et Ernest Tupes.

LE COUPLE LIVRE-OUTIL

Comment lire ce livre ? Chaque chapitre correspond aux douze cases du DMC. Il s'agit de douze questions essentielles à se poser pour être assuré de faire des choix pertinents dans des environnements incertains. Les chapitres vous permettront de comprendre en profondeur chaque case de l'outil afin d'en saisir toutes les subtilités et de l'utiliser de la façon la plus optimale possible. Vous pourrez remplir le DMC en le téléchargeant à l'infini en scannant le QR Code ci-contre pour travailler seul sur vos différents sujets ou vous mettre à plusieurs dessus.

http://dunod.link/DMC01

En effet, le DMC peut être rempli individuellement ou à plusieurs. Un salarié, un dirigeant, dont l'intention serait de réfléchir à ses décisions dans l'incertain peut tout à fait s'en saisir seul. Mais il est également possible de l'utiliser en groupe pour faire progresser un projet collectif.

Pourquoi un outil « papier » ?

La plupart des outils d'aide à la décision sont au format numérique, agrégeant des données massives et produisant des tableaux de bord harmonieux. Mais ils ne donnent la plupart du temps que l'illusion d'un choix rationnel : les données recueillies ont été mises en scène suivant des logiques de calcul qui visent à couvrir un risque tel qu'identifié (le plus souvent en référence à un évènement qui s'est déjà produit) et échappent très souvent au décideur. Or, dans l'incertain, il n'est pas pertinent d'optimiser l'existant puisque l'environnement mute. Face au brouillard, l'enjeu n'est donc plus de traiter la data mais de comprendre son univers. Le but n'est plus de produire des statistiques, mais d'élaborer une réflexion au service de la découverte de nouvelles informations capables de maximiser les chances de réussite de projets indécis. Dans cette perspective, le papier devient bien plus approprié que le numérique.

À l'image des célèbres outils de management conçus pour réfléchir à l'amélioration des processus de l'entreprise, notre outil s'inscrit dans la tradition des outils managériaux dont le support est papier, et plus largement matériel (comme peut l'être une maquette pour un projet de construction). La matérialité permet entre autres la manipulation et la confrontation ou le rapprochement d'idées.

Déplier l'incertain

Dans le monde du risque, les allégories étaient nombreuses pour illustrer l'idée et l'enjeu en management stratégique de déterminer le but à atteindre et le chemin à emprunter pour y parvenir.

Dans notre monde contemporain fait d'incertitudes, le chemin n'est pas donné : les bifurcations s'imposent souvent comme des nécessités, voire des opportunités, et la route se construit ou se dessine en marchant. Les métaphores à employer pour traduire les comportements à adopter doivent donc être renouvelées.

Déconstruire l'incertain, débiaiser ses schémas de pensée, aller pas à pas dans l'élaboration du chemin pertinent en pliant et dépliant une feuille de papier pour construire son origami… correspond pour nous à « déplier l'incertain ».

Comment construire son DMC

Si vous ne pouvez ou ne voulez pas imprimer le DMC, vous pouvez le « fabriquer » vous-même à partir d'une simple feuille A4. Suivez ci-après les huit étapes de construction de l'avion en papier qui une fois déplié fera apparaître les douze cases du DMC (*Figure 1*). Un tutoriel de construction de l'avion est également disponible en ligne en scannant le QR Code ci-contre.

http://dunod.link/DMC02

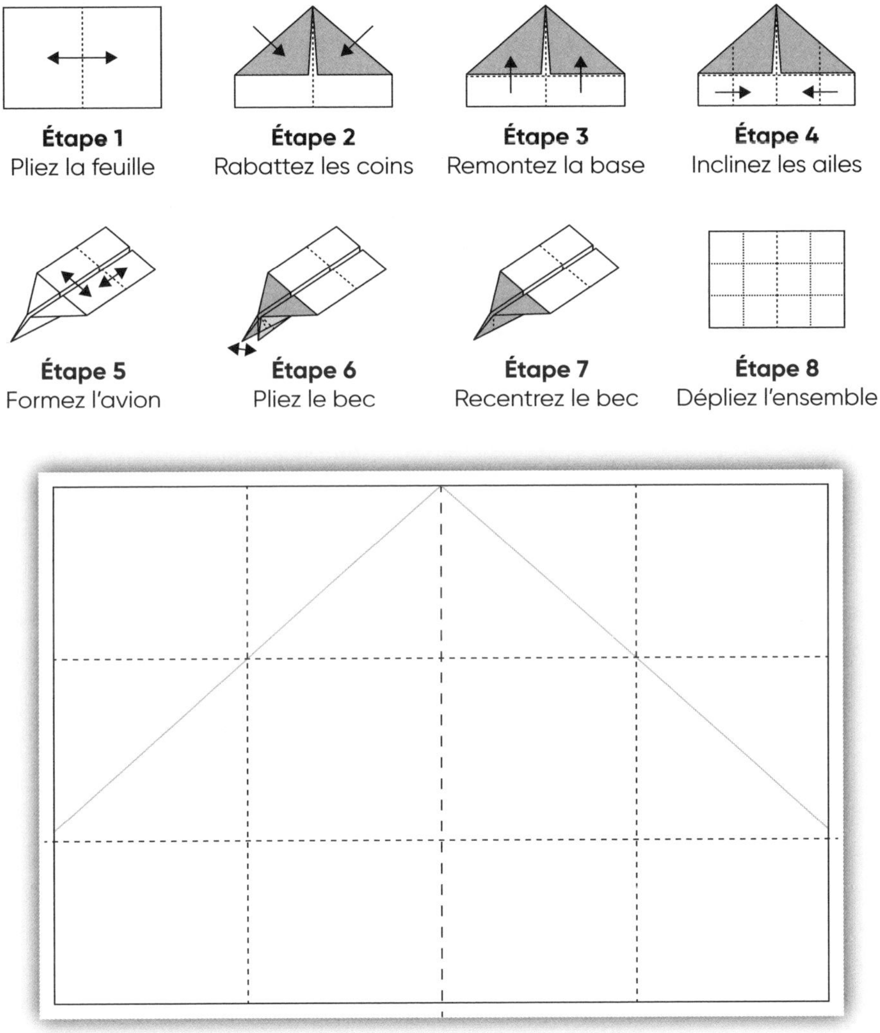

Figure 1 – *Mode d'emploi pour concevoir un DMC*

LA NARRATIVE DU DMC

Le Decision Model Canvas invite les porteurs de projet à suivre un raisonnement en douze étapes, chacune reposant sur une question à se poser.

1. Les objectifs du projet sont-ils alignés avec mes valeurs ?

Nous verrons pourquoi il est essentiel de commencer par vous assurer du strict alignement entre les objectifs de votre projet et vos valeurs. Nous définirons par ailleurs ce que sont des valeurs fortes et des valeurs faibles, et vous recommanderons d'ériger votre projet sur des valeurs fortes. Ensuite, vous devrez vous poser les questions suivantes.

2. Quelles sont mes certitudes sur le projet ?

En première lecture, cette question semble assez simple. Nous verrons qu'elle couvre en réalité un grand nombre de subtilités. Notamment parce que dans l'incertain, ce que l'on dit savoir se révèle souvent faux et ne correspond qu'à ce que l'on croit savoir. À cette étape du DMC, nous distinguerons donc ce qui peut être considéré comme acquis de ce qui est hypothétique.

3. Quels sont mes angles morts sur le projet ?

Nous montrerons que ces angles morts peuvent être de différentes natures. Certaines inconnues du projet se révéleront être des « inconnues connues », quand d'autres seront des « inconnues inconnues ».

4. Quelles explorations dois-je faire pour apprendre des choses sur mon projet ?

Par la suite, vous devrez décider des petites actions que vous accepterez de lancer pour éclaircir la boîte noire située devant votre projet. Ces petites actions doivent être frugales et rapides à exécuter. C'est pourquoi nous avons fait le choix de les appeler « explorations ». Nous verrons alors que le contenu de ces explorations doit être pensé comme le résultat d'un processus créatif. Il vous faudra éviter les actions convenues desquelles vous ne tirerez que peu d'enseignements sur votre projet.

5. Qu'est-ce que j'attends de mes explorations et comment mesurer la pertinence de leurs résultats ?

Avant de réaliser ces explorations, vous devrez anticiper ce que vous en attendez et définir comment mesurer le fait que ces explorations vous donnent bel et bien des informations sur votre projet. Le célèbre adage « ce qui ne se mesure pas ne s'améliore pas » fait en effet sens dans l'incertain. Nous verrons qu'il est indispensable de mesurer le résultat de vos actions d'exploration tout en restant extrêmement prudent dans le choix des métriques car elles pourraient très facilement être détournées de leur intention initiale.

6. À quelles dates puis-je m'engager à réaliser mes « explorations » ?

Nous verrons que l'agenda que vous vous fixerez pour accomplir vos explorations portera un sens inattendu. Il révélera votre posture par rapport à votre projet et permettra d'éviter que vos explorations ne se finissent en vaines résolutions. Cet agenda pourra aussi être instrumentalisé pour créer une tension souhaitable autour de votre projet et de son avancement.

Après avoir répondu à ces six premières questions, vous devrez accomplir vos explorations avant de revenir répondre aux six prochaines.

7. Mes explorations ont-elles remis en cause les certitudes que j'avais sur le projet ?

La première de ces nouvelles questions concerne les apprentissages auxquels vos explorations vous auront conduit concernant vos certitudes. Par définition, remettre en cause ses certitudes n'est pas une action naturelle. En questionnant ce que vous aurez préalablement considéré comme incontestable, vous adopterez un comportement contre-intuitif. Nous verrons cependant que cette étape est cruciale car il n'est pas rare que vos explorations viennent infirmer vos certitudes initiales.

8. Mes explorations m'ont-elles permis de réduire mes angles morts sur le projet ?

Vos explorations auront obligatoirement un effet sur les angles morts de votre projet. Pour autant, elles ne les réduiront pas toujours. Parfois, elles les amplifieront. Dans les deux cas, nous décrirons la bonne méthode à adopter pour tirer les bons enseignements de vos explorations.

9. Quels changements vais-je apporter à mon projet en fonction des apprentissages tirés de mes explorations ?

Vos explorations vous auront inévitablement permis de dissiper ou de déplacer une partie de l'épais brouillard qui était initialement présent devant votre projet. Le fait de mieux appréhender l'environnement dans lequel navigue votre projet doit ensuite vous permettre de le faire progresser en l'amendant ou en le précisant. Le choix des changements à opérer sur votre projet ne devra pas être vécu comme une façon de vous dédire mais au contraire une manière de régénérer votre projet.

10. Quels sont les bénéfices et les risques relatifs aux changements à apporter au projet ?

Les changements à apporter au projet devront être soupesés à l'aide d'une balance « bénéfices-risques » car ils pourront l'avoir fragilisé ou rendu au contraire plus prometteur. Il convient de le savoir pour évaluer très concrètement s'il est pertinent de continuer le projet ou de l'arrêter. Cette décision doit être prise à l'étape suivante du DMC.

11. En fonction des bénéfices et des risques associés aux changements à opérer sur le projet, est-il toujours pertinent de le continuer ?

Les explorations réalisées sur votre projet vous permettront de ne pas rester éternellement au stade des idées et des projections, mais d'affiner votre projet, de l'amender et de le faire progresser. Pour autant, l'une des grandes compétences des porteurs de projet dans un environnement incertain réside dans le fait de savoir « tuer les projets » lorsqu'ils s'avèrent, après explorations, peu prometteurs. Nous verrons quelles méthodes employer pour statuer sur les suites à donner à un projet qui évolue dans l'incertain. Si le projet doit continuer, alors il faudra le reformuler à la lumière des apprentissages dont vous aurez bénéficié grâce au DMC. La dernière question que vous devrez vous poser sera alors la suivante.

12. Comment dois-je reformuler les nouveaux objectifs et les nouvelles valeurs défendues par mon projet ?

Cette reformulation de votre projet ne parvient généralement pas à effacer totalement la part d'incertitude qui l'entoure. Le DMC peut donc être refait pour mettre de nouveau votre projet à l'épreuve de l'outil et continuer de le faire progresser.

Objectifs-valeurs

Executive summary

- **Dans un environnement stable, les objectifs assignés à un projet remplissaient auparavant trois fonctions** : la direction à suivre, le point de repère permettant d'évaluer le « reste à faire » pour atteindre la cible, le boosteur de motivation des équipes.
- **Dans l'incertain, ces trois fonctions habituellement dévolues aux objectifs deviennent inopérantes** : les objectifs changent de nature et doivent désormais être compris comme de simples prétextes pour faire un premier pas, prenant la forme d'intentions à très court terme et devant être révisées en permanence.
- **La seule exigence à respecter pour définir ces intentions consiste alors à les choisir à partir de valeurs fortes.** En effet, un projet porté dans l'incertain doit être soutenu par des valeurs capables de cliver et de susciter le débat.

Un projet qualifie une démarche qui s'inscrit dans une temporalité. Au départ, sa formulation n'est qu'une promesse. Puis des actions sont menées pour le faire avancer. Au cours du temps, son état évolue. Son terme intervient à plus ou moins brève échéance. À la fin, le projet peut être considéré comme une réussite ou un échec.

Au temps présent, un projet reste donc toujours un pari sur l'avenir. Malheureusement, dans un univers incertain, les prévisions deviennent pour la plupart inopérantes et infondées. Les agents économiques en situation de conduire un projet dans un contexte d'incertitude doivent donc prendre des décisions pour demain, sans avoir la possibilité de se projeter dans le futur.

Dans ces conditions, comment porter un projet ? En revisitant la notion même de projet ou, plus exactement, en repositionnant les variables structurantes de celui-ci. Dans l'incertain, nous allons voir que les « objectifs » assignés aux projets perdent une grande partie de leurs attributs tandis que les valeurs défendues par les porteurs de ces derniers détiennent une importance considérable.

LA NOUVELLE FONCTION DÉVOLUE AUX OBJECTIFS DANS L'INCERTAIN

Dans un environnement stable et prévisible, les objectifs d'un projet remplissent plusieurs fonctions. D'abord, ils permettent de fixer le cap. Ils donnent un sens aux actions entreprises par l'ensemble des parties prenantes et créent un point d'ancrage qui facilite la discussion et la coordination des opérations accomplies par les différents acteurs. Ensuite, ils permettent d'exprimer l'état d'avancement du projet. Si les objectifs ne sont pas atteints, il est possible d'affirmer que le projet a échoué ou qu'il n'est pas encore achevé. Si les objectifs sont dépassés, le projet peut, au contraire, être qualifié de réussite. Enfin, ils peuvent être utilisés dans le but de renforcer la motivation des équipes impliquées. S'ils sont perçus comme des défis personnels à relever, l'engagement des participants sera décuplé.

Toutes ces fonctions attribuées aux objectifs d'un projet ne peuvent exister qu'à la condition de pouvoir établir un lien entre le niveau d'efforts consentis par les parties prenantes et l'atteinte des résultats. Or, dans un environnement incertain, des événements peuvent survenir de manière aléatoire et imprévue, ce qui a pour effet de rompre le lien existant entre les actions engagées et la réussite du projet. Cette rupture du rapport de causalité entre les actions et leur résultat épuise alors toutes les vertus habituellement conférées aux objectifs.

Concrètement, les objectifs ne peuvent plus jouer leur rôle de boussole. L'incertitude crée des bouleversements en cours de projet qui percutent le sens et la direction qu'il convient de donner à ses actions. Pour cette même raison, les objectifs ne peuvent plus servir d'étalons pour qualifier la réussite d'un projet, ni même être utilisés pour motiver les parties prenantes. À tel point qu'il pourrait être séduisant de pousser cet argument plus loin, en considérant que les objectifs n'ont plus aucun intérêt dans un monde incertain. Mais cette idée, tentante sur un plan théorique, est en pratique irréaliste. L'absence totale d'objectifs, surtout en début de projet, empêcherait toute forme d'implication de la part des participants. Les projets, quel que soit l'environnement qui les entoure, restent une quête. Pour qu'ils soient lancés, ils doivent donc nécessairement répondre à une envie, le plus souvent exprimée par les porteurs de projet. Or, le désir originel qui motive le lancement d'un projet n'est rien d'autre que l'expression d'une intention et donc d'un objectif qui ne dit pas son nom. Autrement dit, les projets démarrent tous en étant mus par l'atteinte d'un but, qu'il soit assumé ou inconscient, de la part de celui qui décide de le lancer. C'est pourquoi il serait inopportun de bannir la formulation d'objectifs pour les projets conduits dans l'incertain.

Cependant, pour les raisons évoquées plus tôt, les objectifs fixés en début de projet doivent être considérés comme éphémères. Ils n'ont pas vocation à perdurer dans le temps. Plus précisément, ils sont destinés à se renouveler au rythme de l'apparition des événements inattendus et des apprentissages que l'on fait sur l'environnement dans lequel évolue le projet.

Finalement, dans un contexte d'incertitude, le rôle dévolu aux objectifs d'un projet change radicalement. Le futur n'étant plus prévisible, formuler des objectifs dans l'espoir de les voir atteints n'a plus de sens. Toutefois, ils ne disparaissent pas pour autant car ils conservent un intérêt : conserver et maintenir l'engagement des parties prenantes sur le projet. Pour rester opérants dans leur nouveau rôle, les objectifs doivent être repensés continûment et ajustés en permanence pour coller aux évolutions impromptues du projet.

ALIGNER LES OBJECTIFS DU PROJET AVEC LES VALEURS DE CEUX QUI LE PORTENT

La littérature académique recèle un grand nombre de travaux dont le but est de comprendre les motivations des porteurs de projet. Pourquoi certaines personnes décident-elles de lancer des projets ? Quelles sont les variables qui influencent leur choix de conduire une initiative jusqu'à son terme ? Le niveau de difficulté perçu les freine-t-il dans leur démarche ?

Sur toutes ces questions, le champ disciplinaire de l'entrepreneuriat est l'un des plus prolifiques. Lorsque nous observons un créateur d'entreprise, nous nous interrogeons presque immédiatement sur ses motivations. Il est donc assez logique que les chercheurs en entrepreneuriat se soient emparés de ce sujet. D'ailleurs, sachez qu'ils ont même un terme pour qualifier les travaux publiés qui abordent ces problématiques : il s'agit de la littérature consacrée à l'« intention entrepreneuriale ».

L'un des premiers modèles ayant traité de l'intention entrepreneuriale a été proposé par Albert Shapero et Lisa Sokol en 1982. Il en ressort que la décision de se lancer dans un projet est essentiellement motivée par trois variables : la désirabilité du projet, sa faisabilité et la propension à l'action du porteur (Shapero et Sokol, 1982).

Ce modèle a ensuite été affiné par Norris Krueger en 1993. Pour lui, l'équation qui permet d'appréhender la décision de lancer un projet doit être enrichie par une variable supplémentaire : la norme sociale. Cette nouvelle variable renvoie à la manière dont l'entourage du porteur de projet perçoit son action (Krueger, 1993). Si les personnes proches du porteur de projet approuvent sa démarche, son action sera facilitée. À l'inverse, si ses parents, amis et collègues condamnent son initiative, il pourrait ne plus vouloir se lancer.

Finalement, les travaux les plus stimulants en matière d'intention entrepreneuriale sont ceux qui ont intégré des considérations issues de la psychologie sociale. Plus particulièrement ceux qui, à l'image des recherches de Norris Krueger, ont pris appui sur la théorie du comportement panifié d'Icek Ajzen (Ajzen, 1991). Ce psychologue défend l'idée selon laquelle les décisions d'un individu sont toujours prises au prisme de son ressenti pour cette action (soit la désirabilité de l'action), de la pression sociale (la norme sociale) et du contrôle qu'il pense avoir sur la situation (c'est-à-dire la faisabilité de l'action).

Si nous évoquons ces travaux, c'est surtout pour les mettre à l'épreuve des transformations du contexte économique auquel nous assistons. Comment la décision de lancer un projet est-elle modifiée par l'émergence de l'incertain dans notre environnement ? Pour le savoir, il suffit de reprendre chacune des variables discutées préalablement et de voir si elles sont affectées par l'incertitude.

La norme sociale a changé depuis quelques années. La figure du porteur de projet est devenue populaire. Les créateurs d'entreprise sont les nouvelles rock stars. Ce changement de contexte modifie certainement le rapport des agents économiques à la décision de se lancer dans un projet, surtout lorsqu'il s'agit d'une création d'entreprise. Pour autant, cette transformation n'est en rien imputable à l'émergence de l'incertain. Elle est la simple expression d'un changement culturel. À ce titre, elle peut être lue comme une tendance exogène sur laquelle le porteur de projet n'a aucune prise. La propension à l'action, c'est-à-dire notre tendance naturelle à agir, est une variable comportementale, propre à chaque agent. Elle ne nous semble pas touchée par le changement d'environnement économique.

En revanche, la faisabilité du projet est certainement la variable la plus directement frappée par l'incertitude. Compte tenu de l'imprévisibilité des événements, les porteurs de projet ne peuvent plus exprimer d'avis fermes sur leur capacité à conduire un projet jusqu'à son terme. À raison, ils éprouvent un sentiment légitime de perte de contrôle sur le projet.

Les porteurs de projet doivent donc, toutes choses égales par ailleurs, compenser cette perte de contrôle par une augmentation significative de la désirabilité de leur projet. Il s'agit là de notre thèse principale sur cette case du DMC. Le détour analytique que nous avons opéré pour rendre compte des motivations des porteurs de projet avait pour but de nous mettre dans des conditions pédagogiques optimales pour vous délivrer ce message : puisque l'incertain dégrade votre visibilité sur la faisabilité de votre projet, alors il devient primordial d'en renforcer la désirabilité.

Or, l'une des manières les plus simples de renforcer la désirabilité réside dans le fait d'aligner strictement les objectifs du projet avec les valeurs de celui qui le porte. Cette adéquation ancre le projet dans un environnement aux vents imprévus.

Sur un plan conceptuel, notre conseil est finalement assez facile à comprendre : dans un monde où tout change sans que vous ne puissiez avoir de prise sur les événements, concentrez-vous sur vous-même et sur vos valeurs. Votre principal atout, celui qui vous rendra résistant face à l'incertain et à l'adversité, sera votre envie irrépressible de pousser jusqu'au bout un projet qui correspond aux valeurs que vous défendez.

Dans l'incertain, les valeurs des porteurs de projet reprennent une place essentielle. Conformément à cette recommandation, si le projet est lancé à l'échelle d'une organisation, il devient indispensable d'en aligner les objectifs avec les valeurs de toutes ses parties prenantes. Sinon, le risque est fort de voir la désirabilité du projet s'amoindrir en même temps que les certitudes sur sa faisabilité. Les motivations autour de ce projet deviendraient alors insuffisantes pour espérer le conduire au succès.

FONDER SON PROJET SUR DES VALEURS FORTES

Les projets peuvent être érigés sur une palette infinie de valeurs. Pour s'en convaincre, il suffit d'observer la communication des entreprises qui ont produit un travail visant à redéfinir leur raison d'être. Les valeurs défendues par ces entreprises montrent beaucoup de diversité. Certaines annoncent par exemple prôner la bienveillance à l'égard de leurs clients et de leurs collaborateurs. D'autres déclarent placer l'innovation et/ou la prise de risque au cœur de leur stratégie. D'autres encore affirment être mues par l'audace et le courage. Nous avons choisi ici trois exemples mais nous aurions pu en sélectionner bien d'autres.

Il ne nous appartient pas de juger du bien-fondé de ces valeurs. Notre volonté n'est pas de porter un regard critique sur les engagements de ces entreprises, de leur délivrer des médailles de vertus et encore moins de les condamner. En revanche, nous pouvons proposer une grille de lecture qui permette de mesurer la puissance des valeurs qu'elles promeuvent. Avec notre méthode, il devient facile de percevoir si la valeur affichée par l'entreprise est forte ou faible.

Pour repérer la puissance d'une valeur, il suffit en effet de la renverser. Si elle tient toujours après avoir été renversée, alors elle peut être considérée comme forte. Si elle perd tout son sens, alors elle est réputée faible.

Donnons tout de suite un exemple pour illustrer notre propos : imaginons une entreprise qui défendrait avec force le bien-être au travail. Renversons cette valeur et voyons ce qu'elle devient. Le contraire du bien-être au travail, c'est le mal-être au travail. Qui pourrait raisonnablement défendre la valeur du mal-être au travail ? Personne. Lorsqu'elle est inversée, la valeur ne tient donc plus. Pour cette raison, nous considérons le bien-être au travail comme une valeur faible. Ne vous méprenez pas. Nous n'évaluons pas cette valeur sur un plan moral. Nous signalons simplement qu'elle est fragile en raison de son caractère évident. Si une valeur est banale au point que son énoncé contraire ne peut pas être défendu, alors elle prend vite la forme d'un truisme ou d'une platitude, ce qui la rend peu engageante, à la fois pour les personnes extérieures à l'entreprise et pour les collaborateurs internes.

Considérons maintenant une entreprise qui défendrait la prise de risque. L'inverse de la prise de risque renvoie à une volonté de maintenir ses affaires en sécurité, en les préservant de tout changement. Cette nouvelle valeur peut être défendue. Certaines entreprises, en situation de monopole par exemple, peuvent tout à fait défendre une stratégie fondée sur l'immobilisme et la conservation des privilèges acquis. Nous pouvons donc en déduire que la valeur initiale est forte puisqu'elle tient toujours lorsqu'elle est inversée. La puissance d'une valeur forte provient de la radicalité qu'elle exprime. Si un point de vue inverse peut raisonnablement être défendu, alors l'idée soutenue ne fait pas consensus. Elle crée de l'engagement. Une valeur forte clive et scinde les opinions en deux camps : ceux qui y adhèrent et ceux qui la contestent.

Façonner son projet autour de valeurs fortes est devenu impératif au regard des évolutions récentes de notre économie. Depuis quelques années, nous sommes entrés dans ce qu'il convient d'appeler l'économie de l'attention. Cette expression témoigne d'une réalité où l'attention des consommateurs est dorénavant l'une des ressources les plus recherchées par les entreprises.

D'ailleurs, certaines entreprises tirent désormais directement leurs revenus de l'attention des internautes. C'est le cas des réseaux sociaux. Le temps passé par les utilisateurs sur ces applications est au cœur de leur modèle d'affaires. De plus, le développement spectaculaire des usages en ligne a resserré le champ de bataille de l'ensemble des entreprises. Pour les commerçants, l'acquisition des nouveaux clients passe lui aussi par Internet. Ils se font donc concurrence aux mêmes endroits : sur les premières pages de Google, sur votre mur Facebook ou encore sur votre fil d'actualité Instagram. Si bien que ces lieux sont devenus encombrés. Réussir à provoquer l'intérêt des internautes là où se concentre toute leur attention est devenu un exercice de plus en plus complexe.

Il n'existe pas de règles connues, efficaces en toutes circonstances, capables de générer une traction d'intérêt pour un projet. Pour autant, les projets qui réussissent à se démarquer sont ceux fondés autour de valeurs fortes, pour une raison qui peut se résumer par une maxime célèbre, fréquemment employée dans le monde des start-up : « Le chemin le plus court vers le succès est marqué par l'amour ou la haine, mais jamais par l'indifférence. » Cet aphorisme rend compte d'une mécanique souvent observée : lorsqu'une initiative s'articule autour de valeurs fortes, elle clive et disperse l'audience en créant d'un côté une base de fans et de l'autre un groupe de personnes extrêmement critiques. Or, cette bipolarisation des consommateurs joue en faveur du projet. Elle permet d'en identifier clairement les ambassadeurs, ce qui est une donnée précieuse pour pouvoir entrer en communication avec eux. Elle crée également une communauté de points de vue qui fédère la clientèle séduite par les valeurs du projet. Par ailleurs, l'idée selon laquelle le projet pâtirait des critiques négatives formulées à son égard n'est que rarement vérifiée. Plusieurs recherches récentes ont montré que les produits à l'origine d'avis négatifs sur les réseaux sociaux apportent davantage de clients que ceux pour lesquels les internautes expriment de l'indifférence (ALLARD, DUNN et WHITE, 2020).

Par conséquent, dans l'incertain, nous conseillons aux porteurs de projet de défendre des valeurs fortes. Elles généreront davantage d'attention dans une économie où cette propriété est essentielle.

Mise en pratique

Rendez-vous sur la case « Objectifs-valeurs » de votre DMC :
- remplissez d'abord la partie « Objectifs » en décrivant les intentions que vous poursuivez à très court terme avec votre projet. Vous pouvez n'avoir qu'une intention, d'ordre général, ou plusieurs très précises. Le niveau de précision avec lequel vous allez choisir de décrire les objectifs de votre projet importe peu à ce stade de l'utilisation de l'outil ;
- remplissez ensuite la partie « Valeurs » de cette case en exposant les partis pris de votre projet avec lesquels vous ne transigerez jamais quels que soient les événements auxquels vous ferez face.

ILLUSTRATION AU TRAVERS D'UN CAS

Pour rendre l'utilisation du DMC extrêmement claire, nous vous proposons de filer un exemple tout au long de l'ouvrage. Tous les chapitres se termineront ainsi par un encadré qui précisera comment remplir chaque case du DMC.
Le cas que nous choisissons de mettre à l'épreuve du DMC est notre propre projet sur l'incertain. Celui-là même qui nous a conduits à la rédaction du présent ouvrage. Au fil des chapitres, vous comprendrez ainsi comment il s'est façonné. Si vous souhaitez

voir le DMC rempli et achevé de ce cas, il vous suffit de vous rendre dans l'annexe à la fin de cet ouvrage.

Remarque préalable : à l'origine, notre intention était de produire des vidéos à destination des professionnels sur le thème de l'incertain. Ce projet évoluait naturellement dans un environnement incertain puisqu'il nous était strictement impossible d'estimer ses probabilités de succès ou d'échec. Il était donc bien éligible à la rédaction d'un DMC.

Pour remplir la case 1 du DMC, nous nous sommes demandé quels étaient nos objectifs et nos valeurs. Notre objectif était alors de réussir à produire des contenus vidéos sur l'incertain à la fois de grande qualité et massivement regardés par les professionnels. C'est donc ce que nous avons indiqué dans la section « Objectifs ». Concernant nos valeurs, nous avons répondu que nous souhaitions promouvoir la vulgarisation scientifique.

Vérifions que nous avons bien appliqué nos propres recommandations sur cette première case du DMC.

- Nous pouvons confirmer sans difficulté l'alignement de nos valeurs avec les objectifs du projet. Diffuser des vidéos auprès d'un large public composé de professionnels est en effet une façon de participer à la promotion des vertus et à la défense des intérêts de la vulgarisation scientifique.
- Promouvoir la vulgarisation scientifique est bien une valeur forte puisqu'elle tient toujours quand elle est renversée : certains chercheurs peuvent en effet raisonnablement défendre l'idée selon laquelle le monde de la recherche ne devrait pas s'engager dans cette voie. Ils peuvent arguer que la vulgarisation scientifique se paye toujours au prix d'une simplification abusive de la vérité scientifique. Cet argument est audible mais nous pensons le contraire. Nous défendons ardemment l'idée que les théories scientifiques peuvent faire l'objet de reformulations, surtout si cet exercice de simplification permet aux praticiens de s'appuyer sur des travaux de recherche de référence pour répondre à leurs préoccupations quotidiennes.

Certitudes

Executive summary

- **Dans un environnement imprévisible, ce qui semble acquis à un porteur de projet se révèle souvent faux**. Ceci pour plusieurs raisons :
  - ses croyances sont fondées sur sa propre expérience ou ses observations des événements passés. Or, dans l'incertain, ce qui s'est produit hier n'augure en rien ce qui se produira demain ;
  - les contextes chaotiques renversent les rapports de causalité habituellement observés, ce qui le contraint à ne plus pouvoir faire des déductions logiques ou des syllogismes ;
  - l'incertain érode la notion d'expertise, ce qui l'empêche d'avoir des intuitions fiables concernant les événements à venir dans le futur.
- **Avant de pouvoir exprimer une certitude**, un porteur de projet doit contrôler qu'elle n'est pas le résultat d'une réflexion sujette au biais des survivants, à l'effet cigogne ou au paradoxe du faux-positif.

Exprimer des certitudes dans un monde incertain peut paraître paradoxal. Les deux notions s'opposent *a priori*, aussi bien sur le plan sémantique que conceptuel.

Heureusement, l'incertain est un état relatif qui accepte les nuances. Rares sont les environnements où toutes les variables sont complètement imprévisibles. Le plus souvent, ces contextes d'incertitude « radicale » sont des cas d'école utilisés par les chercheurs pour pousser à l'extrême un raisonnement théorique.

En pratique, dans la vie courante des entreprises, les environnements frappés par l'incertitude font coexister des données prévisibles aux côtés de variables imprévisibles. L'évolution de quelques paramètres peut alors être anticipée, au moins en espérance. Ce qui nous autorise à chercher les certitudes qui tapissent généralement l'environnement d'un projet qui évolue dans l'incertain.

Encore faut-il employer la bonne méthode pour repérer ces certitudes ! Parce que dans un monde incertain, la difficulté provient des illusions dont nous sommes régulièrement victimes. Beaucoup de ce qui semble être au départ des certitudes se révèlent ne pas en être. Principalement en raison de la présence de pièges dont vous devez absolument avoir conscience.

Dans cette case, nous allons donc vous apprendre à éviter les trois principaux pièges qui vous conduisent, dans l'incertain, à vous tromper sur les certitudes qui entourent votre projet. Ces trois embûches, fourbes et dangereuses, sont le biais des survivants, l'effet cigogne et le paradoxe du faux-positif.

LE BIAIS DES SURVIVANTS

Dans l'incertain, un brouillard s'installe devant chacune des décisions à prendre. Pour le porteur de projet, la tentation devient alors grande de calquer ses choix sur ceux des autres agents économiques, en particulier si ces derniers se sont retrouvés dans une situation comparable à la sienne et ont finalement réussi.

Cette démarche, plutôt séduisante de prime abord, est en réalité à bannir. Elle conduirait le porteur de projet à être victime du biais des survivants.

Pour expliquer ce biais, il est utile de faire un détour historique en revenant sur une décision malheureuse, prise par la Royal Air Force pendant la Seconde Guerre mondiale. Peu de temps après le début des combats, l'armée de l'air britannique s'aperçoit qu'elle perd beaucoup trop d'avions au-dessus de l'Allemagne. Elle décide donc d'opérer un audit de tous les avions qui reviennent sur le sol anglais (c'est-à-dire les avions « survivants ») afin de comprendre quelles zones des appareils doivent être renforcées en observant les impacts des balles allemandes. L'initiative semble louable et de bon sens. L'audit conclut que les balles touchent les avions au niveau des ailes. La Royal Air Force décide donc assez logiquement de blinder cette partie des appareils.

Un an plus tard, l'armée de l'air britannique renouvelle son audit et s'aperçoit que sa mesure n'a produit aucun effet : le taux de survie des avions au-dessus de l'Allemagne reste inchangé. La raison est simple : la Royal Air Force est tombée dans le piège du biais des survivants. En observant uniquement les avions revenus du combat, elle a oublié de prendre en considération tous les avions morts au combat. Or, ces avions abattus au-dessus de l'Allemagne prenaient les balles allemandes mortelles dans le réservoir. Si les généraux anglais avaient opéré leur audit en considérant les avions défaits, ils auraient vu qu'il fallait protéger le réservoir et non les ailes.

Autrement dit, en fondant ses décisions sur l'observation des seuls gagnants, les choix opérés sont très souvent inopportuns car ils souffrent du biais des survivants. Les perdants négligés apportent des informations inestimables, pouvant remettre en cause toutes les décisions qui paraissaient pourtant évidentes et certaines en observant exclusivement les gagnants.

L'existence de ce biais a une conséquence majeure pour les porteurs de projet qui évoluent dans des contextes imprévisibles. Répétons-la pour qu'elle soit toujours prise en considération : dans un environnement incertain, copier les décisions des agents économiques ayant préalablement réussi à se sortir de situations comparables est une faute méthodologique.

Pour être clair sur la manière dont le biais des survivants se manifeste dans les projets qui évoluent dans l'incertain, nous pouvons prendre un exemple. Considérons un entrepreneur qui veut créer un réseau social. Inutile de dire que son projet est cerné par l'incertain. Il lui est en effet impossible d'évaluer ses probabilités de succès ou d'échec. Assez logiquement, cet entrepreneur peut être tenté d'identifier l'entreprise championne des réseaux sociaux dans le but de copier les premières décisions qui l'ont conduite au succès. L'entreprise leader de ce marché étant Facebook, l'entrepreneur peut donc vouloir reproduire les premiers choix du géant américain.

Pour lancer Facebook, Mark Zuckerberg s'est largement appuyé sur les règles promues par les méthodes agiles en développement informatique. À tel point que la phrase « *moove fast and break things* » (« avancer vite et casser les codes »), qui ornait le bureau de tous les développeurs de l'entreprise, est devenue célèbre au sein du groupe américain et plus largement dans le monde de la Tech.

Observant que Facebook a mis en œuvre des méthodes agiles au début de son aventure, l'entrepreneur peut donc décider de copier cette décision et s'engager dans cette voie. De son point de vue, il s'agit forcément d'une stratégie gagnante puisqu'elle a permis à Mark Zuckerberg de devenir leader du secteur. Mais s'il suit ce raisonnement et prend cette décision, il sera victime du biais des survivants : son raisonnement serait fondé sur l'observation de la seule start-up « survivante » de cette vague de création des premiers réseaux sociaux dans les années 2010. Or, si l'entrepreneur élargit son analyse à l'ensemble des start-up ayant voulu créer des réseaux sociaux, il s'apercevra qu'il existe en réalité plusieurs dizaines de milliers de start-up qui ont employé des méthodes agiles au début de leur aventure. Malheureusement, ce fut sans succès pour elles (Foursquare, Gowalla...). Toutes ces start-up sont mortes au combat et sont, de ce fait, sorties du champ de vision de l'entrepreneur. Or, s'il intégrait ces entreprises à son raisonnement, il s'apercevrait alors que les méthodes agiles n'expliquent en rien le succès de Facebook puisque toutes celles qui les ont adoptées ont échoué (sauf Facebook).

Finalement, l'observation des survivants ne doit jamais être à l'origine des certitudes exprimées par le porteur de projet dans l'incertain. Autrement dit, les certitudes indiquées dans la deuxième case du DMC ne doivent jamais être tirées de l'observation d'acteurs ayant réussi à se sortir d'une situation comparable.

L'EFFET CIGOGNE

Il existe un autre biais, assez proche de celui que nous venons d'évoquer, renvoyant à une erreur fréquemment commise lorsque nous observons successivement deux phénomènes. Comme il n'a pas de nom connu, il faut souvent passer par la formulation latine suivante pour y faire référence : « *post hoc ergo propter hoc* ». Littéralement, cette phrase signifie : « à la suite de cela, donc à cause de cela ».

Quand deux faits se succèdent, nous avons tendance à établir, à tort, un rapport de causalité entre eux. Si A arrive avant B, alors nous sommes enclins à penser et affirmer que A a provoqué B. Ce rapport de causalité n'est absolument pas prouvé et il est même très probable que les deux faits ne soient pas corrélés. Ainsi, il convient pour le porteur de projet de ne jamais confondre corrélation et causalité, au risque de tomber dans ce que l'on appelle communément l'effet cigogne, c'est-à-dire le type d'erreur qu'un agent commet lorsqu'il établit un rapport de causalité erroné entre deux variables simplement corrélées.

Si vous croisez les données de l'Institut national de la statistique et des études économiques (Insee) et de l'Inventaire national du patrimoine naturel (INPN), vous pourrez constater que le taux de natalité est plus élevé dans les villes qui abritent des cigognes. C'est factuellement incontestable. En première lecture, nous pourrions en déduire que les cigognes apportent les bébés. Mais ce serait là confondre la notion de corrélation et de causalité. En réalité, les cigognes préfèrent vivre dans des villages et fuient les grandes agglomérations. Or, le taux de natalité est plus élevé dans les villages. Il existe donc une corrélation indéniable entre le taux de natalité et la présence de cigogne, mais en aucun cas un rapport de causalité : les deux variables sont liées à une troisième variable qui est la taille de la population.

Finalement, lorsque le porteur de projet remplit la deuxième case du DMC, il doit donc faire attention à ne pas fonder ses certitudes sur un lien de causalité déduit à tort à partir de l'observation de deux phénomènes. Il doit prendre soin de fonder ses certitudes sur une analyse non biaisée des liens entre les variables, sans conclure à l'existence d'une corrélation quand elle n'existe pas, et encore moins en établissant des relations imaginaires de causes à effets.

LE PARADOXE DU FAUX-POSITIF

Pour se rassurer lorsqu'ils doivent prendre des décisions, les porteurs de projet peuvent chercher des garanties. La tentation devient alors forte de s'entourer d'experts pour leur demander ce qu'il serait opportun de faire ou de ne pas faire.

Suivre les conseils d'experts et espérer accéder à des certitudes au travers de leurs recommandations est une très mauvaise pratique, pour une raison imputable à ce que les statisticiens appellent le paradoxe du faux-positif. Ce phénomène soulève une contre-intuition si puissante qu'elle perturbe toujours ceux qui la découvrent pour la première fois. Or, les experts, même les plus clairvoyants, se trompent presque toujours lors de leurs analyses dans l'incertain à cause de ce paradoxe. C'est pourquoi les porteurs de projet doivent absolument l'intégrer et ne plus chercher à accéder à une expertise pour guider leurs actions.

Le paradoxe du faux-positif en médecine

Le paradoxe du faux-positif a pour origine le contexte médical. Voici un exemple dans ce domaine permettant d'en comprendre le fonctionnement.

Considérons une population composée de 100 000 personnes. Imaginons maintenant une pathologie extrêmement grave, d'une prévalence[3] estimée à 1 cas pour 1 000. Acceptons maintenant qu'il existe un test capable de renseigner chaque personne sur son état de santé. Ce test est fiable à 99 %. Autrement dit, le test rend compte avec justesse du tableau médical de la personne diagnostiquée dans 99 % des cas. Si la

3 En médecine, la prévalence d'une maladie correspond au nombre de personnes atteintes par ladite maladie dans une population donnée.

personne est malade, le test le lui signale. Si elle est en bonne santé, le test le lui indique également.

Naturellement, en raison de la gravité de la maladie, toutes les personnes décident d'aller se faire tester. Le paradoxe intervient ici. Mettons-le en perspective à l'aide d'une question : supposons que vous vous faites diagnostiquer et que le test vous signifie que vous êtes atteint par la maladie. Selon vous, quelle serait, intuitivement, la probabilité que vous soyez effectivement malade ?

L'intuition nous pousse à répondre « 99 % » à cette question. En effet, le test étant fiable à 99 %, s'il nous dit que nous sommes malades, alors le bon sens nous incite à croire que nous avons une probabilité de 99 % d'être malade. Pourtant cette réponse est fausse. Le bon sens ici nous joue des tours. Il nous trompe. La probabilité d'être malade, lorsque le test nous signale que nous sommes malades n'est que de 10 %. C'est étonnant. C'est contre-intuitif. Mais c'est statistique.

Décomposons le problème et posons tous les cas pour démontrer que la bonne réponse à la question posée est bien « 10 % » et non « 99 % ».

- La population générale est de 100 000 personnes. La prévalence de la maladie étant de 1 pour 1 000, nous pouvons en déduire qu'il n'y a que 100 personnes malades dans la population. Autrement dit, 99 900 personnes sont en bonne santé.
- Arrêtons-nous sur le cas des 100 personnes malades : à l'instar de l'ensemble de la population, ces 100 personnes malades sont allées se faire diagnostiquer. Le test étant fiable à 99 %, il a signalé à 99 de ces 100 personnes malades qu'elles avaient contracté la maladie, ce qui est vrai puisque nous considérons ici le panel des seules personnes infectées. Sans que cela ait une importance pour la suite de notre raisonnement, remarquons simplement que le test s'est trompé pour l'une de ces 100 personnes en lui signalant qu'elle était en bonne santé alors qu'elle est malade.
- Observons maintenant le cas des 99 900 personnes en bonne santé : comme tout le monde, ces personnes en bonne santé sont aussi allées se faire diagnostiquer. Le test étant fiable à 99 %, il se trompe dans 1 % des cas. Ici, le nombre de personnes testées est de 99 900.

Dire que le test se trompe dans 1 % des cas revient à dire que le test se trompe pour 999 personnes. Concrètement, le test va donc signaler à 999 personnes qu'elles ont la maladie alors qu'elles sont en bonne santé.

- Combinons maintenant les deux cas (c'est-à-dire les personnes malades et en bonne santé) : sur les 100 000 personnes qui se sont fait diagnostiquer, 99 900 sont en bonne santé et 100 sont malades. Le test a pourtant été positif 1 098 fois (99 fois pour les personnes effectivement malades et 999 fois pour les personnes en bonne santé). Autrement dit, quand le test s'avère positif, la question que vous devez vous poser est la suivante : suis-je parmi les personnes malades qui reçoivent, à raison, un test positif (99 personnes au total) ou suis-je parmi les personnes en bonne santé pour lesquelles le test se trompe en m'annonçant la maladie (999 personnes au total) ?
- Quand le test est positif, la probabilité de faire partie des gens malades n'est donc que de 99/999, c'est-à-dire 10 %.

Si vous avez compris le paradoxe du faux-positif dans le contexte médical, nous pouvons le mettre en scène dans le cas des projets dans l'incertain.

Le paradoxe du faux-positif appliqué aux projets dans l'incertain

Notre argumentaire pour convaincre les porteurs de projet part des mêmes hypothèses que celles du domaine médical. Les données ne sont en revanche plus sanitaires mais en lien direct avec l'univers des projets dans l'incertain. Pour appliquer le paradoxe du faux-positif à ce cas particulier, deux estimations sont préalablement nécessaires : la première concerne le nombre de projets lancés et la seconde porte sur le taux de réussite de ces projets.

La notion de projet est ici floue : toute action tournée vers le futur peut être considérée comme un projet. Pour avoir des données sur le nombre de projets et leur taux de réussite, nous devons donc établir un cadre à cette notion. Comme nous pouvons avoir des données fiables sur le monde des start-up, considérons pour la suite de l'exposé la sous-catégorie des projets entrepreneuriaux.

L'Insee rend public annuellement des données sur la création d'entreprise. Depuis dix ans, le nombre de sociétés créées est relativement stable. Chaque année, la France enregistre environ 600 000 nouvelles entreprises. Les start-up décident généralement de se déclarer comme des sociétés appartenant au secteur des « activités scientifiques et techniques ». Sachant qu'il y a approximativement 130 000 entreprises créées par an sur ce secteur d'activité dans la Nomenclature des activités françaises (NAF – niveau d'agrégation A21), nous pouvons conclure qu'il y a plusieurs dizaines de milliers de start-up créées en France par an.

Considérons donc pour la suite de notre raisonnement que le nombre de start-up créées par an est de 100 000. Si ce chiffre venait à être surestimé ou sous-estimé, précisons que cela n'aurait aucune incidence sur notre raisonnement. C'est pourquoi nous acceptons cette approximation (et pensons par ailleurs qu'elle est juste).

Évaluons maintenant le taux de réussite des start-up. Nous estimons qu'il est approximativement de 1 pour 1 000. Ce taux provient d'un raisonnement assez simple : un fonds d'investissement actif, spécialisé dans l'amorçage, reçoit en moyenne 2 000 dossiers d'investissement sérieux par an. Sur ces 2 000 dossiers, le fonds d'investissement en évacuera 90 % en première analyse. Il fera un travail d'audit approfondi sur 200 dossiers. Et il ira jusqu'à l'accord d'investissement sur 20 start-up. L'investissement standard se traduit par un financement dans la start-up à hauteur de 1,5 million d'euros en échange de 30 % de ses parts sociales. La levée de fonds n'est pas un indicateur de certitude du succès de la start-up car il ne révèle que la croyance du fonds sur le potentiel de la jeune entreprise. Pour savoir si la start-up a réussi ou échoué après sa levée de fonds, il convient de regarder ce que deviennent les start-up qui sont dans le portefeuille du fonds à cinq ans. Cinq ans après avoir levé leur premier financement, 80 % des entreprises (c'est-à-dire 16 start-up selon notre calcul) ont été liquidées et 10 % (2 start-up) sont à l'équilibre. Ces entreprises ne génèrent aucun revenu pour le fonds. Et 10 % enfin réussissent à devenir des produits ou des services *stars*. Autrement dit, sur 2 000 dossiers sérieux, 2 start-up deviendront des réussites majeures. Le taux de réussite des start-up est donc de 2/2 000, c'est-à-dire 1 pour 1 000[4].

Une fois ces deux hypothèses posées (100 000 start-up sont créées par an en France, et leur taux de réussite est de 1 sur 1 000), il ne nous reste plus qu'à démontrer pourquoi il est important de douter lorsqu'on est conseillé par des experts.

Supposons qu'il existe un expert capable d'atteindre 99 % de fiabilité dans tous ses diagnostics. Nous doutons qu'une telle personne existe, mais plaçons-nous dans le cas où cet expert existerait et montrerait cette acuité incroyable. Si cet expert vous dit que votre start-up va réussir, votre probabilité de réussir est en réalité très faible : en raison du paradoxe du faux-positif, vous n'avez en fait que 10 % de chance de réussir. Pourtant, l'expert ne se trompe pratiquement jamais. Mais c'est précisément la contre-intuition qu'il faut dépasser : alors même que l'expert a un taux de fiabilité de 99 % dans ses diagnostics, lorsqu'il vous dit que vous allez réussir, vous n'allez réussir que dans 10 % des cas et non 99 % des cas.

Déconstruisons la contre-intuition en posant la démonstration. Il y a 100 000 projets entrepreneuriaux lancés par an. Le taux de réussite de ces projets est de 1 pour 1 000. Par conséquent, il y aura seulement 100 start-up qui réussiront par an. Les diagnostics de l'expert étant fiables à 99 %, toutes les start-up souhaitent aller le rencontrer. Les 100 start-up qui réussiront sont donc allées le voir. Le taux de fiabilité de l'expert étant de 99 %, il a dit à 99 de ces 100 start-up qu'elles allaient réussir et ce fut effectivement le cas. Les 99 900 start-up qui échoueront sont aussi allées rencontrer l'expert. Il s'est une nouvelle fois trompé dans 1 % des cas. Mais 1 % sur 99 900 cas, cela représente 999 start-up. Il a donc dit à 999 start-up qu'elles allaient réussir alors qu'elles échoueront.

Par conséquent, lorsque l'expert vous dit que vous allez réussir, faites-vous partie des 99 pour qui c'est vrai ou des 999 pour qui c'est faux ? 99/999 représente 10 %. C'est pourquoi, lorsque l'expert vous dit que vous allez

4 Pour information, tous les chiffres avancés ici sur les fonds d'investissement en amorçage sont issus de discussions approfondies avec plusieurs responsables de fonds, ce qui nous laisse à penser que nos données sont fiables.

réussir, alors même qu'il a des diagnostics fiables dans 99 % des cas, vous n'avez que 10 % de chance de réussir.

Par souci de clarté dans l'exposé de notre démonstration, nous avons choisi d'appliquer le paradoxe du faux-positif au diagnostic opéré par un expert sur la réussite d'une start-up. Toutefois, nous pourrions étendre ce même raisonnement à l'ensemble des conseils susceptibles d'être prodigués par les experts à n'importe quel porteur de projet. À partir du moment où la distribution statistique associée à une situation se caractérise par une probabilité de réussite faible et une population cible particulièrement nombreuse, alors les conseils donnés par un expert souffriront inévitablement d'un manque de fiabilité rédhibitoire.

Il se trouve que les situations auxquelles font face tous les porteurs de projet répondent fréquemment aux critères d'éligibilité du paradoxe du faux-positif. Puisque les marchés sont devenus volatils, incertains, complexes et ambigus, nombreux sont les cas où les agents économiques doivent prendre des décisions pour lesquelles la règle est d'échouer et l'exception est de réussir.

Cette distribution statistique dans la répartition des succès et des échecs s'observe sur un grand nombre de marchés. Si bien qu'il existe même un terme pour caractériser ce genre de marché : on parle de « longue traîne ». Un marché en longue traîne se définit par une structure où le nombre de réussites est extrêmement faible par rapport au nombre d'échecs. Autrement dit, sur ces marchés, beaucoup de porteurs de projet prennent les mauvaises décisions et très peu prennent les bonnes décisions. La valeur statistique des conseils donnés par les experts, même les plus clairvoyants, devient dans ce cas trop faible pour que la stratégie consistant à les écouter soit rationnelle. Les experts, aussi clairvoyants soient-ils, se trompent donc pratiquement toujours dans un monde incertain. Les porteurs de projet ne doivent donc surtout pas énoncer leurs certitudes dans la case 2 du DMC en se fondant sur le propos d'experts.

Mise en pratique

Rendez-vous sur la case « Certitudes » de l'outil :

- énumérez les certitudes qui entourent votre projet ;
- vérifiez que les certitudes que vous énoncez ne sont pas bâties sur l'observation d'autres projets dont la particularité serait de ressembler au vôtre et d'avoir rencontré un succès (pour éviter de tomber dans le biais des survivants) ;
- ne rendez pas compte de certitudes qui seraient le résultat d'une déduction logique ou d'un rapport de causalité observé dans le passé (pour vous prémunir de l'effet cigogne) ;
- évitez de décrire des faits qui vous ont été révélés par des experts du domaine dans lequel évolue votre projet (pour échapper au paradoxe du faux positif).

SUITE DU CAS

Au départ, comme nous l'avons signalé dans la case 1 du DMC, notre objectif était simplement de « réussir à produire des contenus vidéos sur l'incertain à la fois de grande qualité et massivement regardés par les professionnels ». Ce projet était aligné avec nos valeurs qui se manifestent par la volonté de « promouvoir la vulgarisation scientifique ».

La case 2 du DMC nous demande quelles sont nos certitudes par rapport à ce projet. Nous en avons deux.

- La première concerne l'appétence des professionnels pour le thème de l'incertain. Nous pensons en effet que les entreprises évoluent dans un environnement de plus en plus incertain et que les praticiens se rendent compte qu'ils ne savent pas forcément comment gérer cette incertitude. Par conséquent, nous sommes persuadés que le thème de nos vidéos sera jugé intéressant par les professionnels.

○ Notre seconde certitude est que nous avons un budget fixe pour réaliser nos vidéos. Nous savons que nous ne pourrons pas dépasser un certain montant, ce qui nous contraint à adopter une méthode de conception à « coût-objectif » (ou *design to cost* en anglais). Avec cette méthode, le budget est une donnée et afin de ne pas dépasser l'enveloppe financière dont nous disposons, nous allons prioriser la conception des fonctionnalités essentielles à notre produit. Les fonctionnalités moins essentielles qui nous amèneraient à sortir de l'enveloppe budgétaire ne sont pas retenues.

Nos deux certitudes ne se fondent pas sur l'observation d'un acteur ayant rencontré un succès avec le thème de l'incertain et/ou ayant réussi avec le même budget que le nôtre, elles ne sont donc pas sujettes au biais des survivants.

Elles ne reposent pas non plus sur l'observation d'une corrélation ou d'un rapport de causalité. En les énonçant, nous ne pouvons donc pas être victimes de l'effet cigogne.

Enfin, elles ne nous ont pas été soufflées par un quelconque expert. Pour les énoncer, nous n'avons suivi aucun conseil, ce qui ne nous expose pas au paradoxe du faux-positif.

Nous avons ainsi bien vérifié que nous ne sommes pas tombés dans les trois pièges habituels des porteurs de projet dans l'incertain sur cette case du DMC.

Angles morts

Executive summary

- **Dans un environnement stable, nous distinguons généralement « ce que l'on sait » et « ce que l'on ne sait pas »**. Le monde est ainsi soumis à une décomposition simple et binaire, avec d'un côté les variables « connues » et, de l'autre, les variables « inconnues ».

- **Lorsqu'un porteur de projet évolue dans l'incertain, il lui faut raisonner de rang 2 et passer ce niveau d'inconnues à l'étage supérieur**. Autrement dit, il doit dissocier :
  - les variables qu'il sait connaître (appelées les « connues connues »),
  - les variables qu'il sait ignorer (appelées les « inconnues connues »),
  - les variables qu'il ignorait connaître (appelées les « connues inconnues ») ;
  - les variables qu'il ignorait ignorer (appelées les « inconnues inconnues »).

La présentation du premier iPhone en 2007 a marqué un tournant dans le monde des affaires pour plusieurs raisons et depuis beaucoup d'écrits et de formations de coaching de présentation ont vu le jour. D'une part, parce qu'elle sera le point de départ d'une aventure qui mènera Apple à une capitalisation boursière supérieure à 2 000 milliards de dollars treize ans plus tard. D'autre part, parce que la conférence de lancement de Steeve Jobs sera longtemps prise en référence pour expliquer aux dirigeants d'entreprise comment il convient de communiquer sur ses innovations. Cette *keynote* a ouvert un espace pour étudier les bonnes manières de présenter les projets d'entreprise. Depuis plus de dix ans, nous assistons ainsi à une inflation du nombre d'écrits et de formations dont le but est d'apprendre à bien communiquer autour de ses projets. Maîtriser l'art du pitch est dès lors devenu une compétence indispensable en entreprise.

L'ART DE PITCHER SANS OMETTRE LES INCERTITUDES

Le foisonnement de cette littérature nous empêche d'en faire un résumé complet. Nous pouvons toutefois lister quelques-uns des conseils récurrents donnés aux praticiens pour bien présenter leur projet. Il est souvent recommandé de commencer fort : poser une question à l'auditoire peut par exemple être une manière de capter son attention et de l'impliquer sur le sujet qui va suivre. Débuter son propos en dévoilant un chiffre surprenant est également une technique conseillée. L'intention est de provoquer un effet « waouh » susceptible de renforcer l'intérêt du public pour la présentation.

L'argumentation du porteur de projet doit ensuite être structurée comme un récit. Pour créer de l'adhésion au discours, le récit du projet présenté peut par exemple prendre la forme d'une quête. Le problème à résoudre doit alors être clairement posé, comme s'il s'agissait d'un trophée à conquérir. Ensuite, la manière de résoudre le problème doit être orientée pour que l'auditoire puisse ressentir toute l'intelligence de la solution suggérée. Le porteur de projet occupera ainsi la place du héros de l'histoire. Une attention particulière doit aussi être portée à la conclusion. Les présentations sont presque toujours réalisées dans un contexte qui permet au porteur de projet de demander au public de réaliser une action. Il est souvent indiqué de mettre en scène ce *call to action* qui permet au porteur de projet de prolonger son échange avec l'assistance sous une autre forme.

Un premier niveau de lecture de cette littérature nous amène donc à exprimer un étonnement. Parmi toutes ces techniques de présentation, aucune ne conseille d'évoquer ses incertitudes par rapport au projet présenté. À croire que, dans les projets, les incertitudes sont des variables à gommer, au moins lors de leurs présentations.

Il s'agit là d'un stigmate de l'ancien monde. Dans des environnements prévisibles, les présentations peuvent légitimement ne pas s'attarder sur les angles morts des projets car ils peuvent être enjambées efficacement à l'aide de stratégies de couverture du risque. Autrement dit, dans un contexte probabilisable, évoquer les angles morts d'un projet peut laisser transparaître un manque de travail ou de sérieux de la part du porteur de projet.

Dans un environnement imprévisible, la faute est inverse. L'erreur serait de ne pas évoquer les incertitudes et les angles morts de son projet. Ne pas discuter des inconnues au moment de la présentation traduirait un manque de lucidité et de méthode. Dans l'incertain, un projet est autant défini par ce que sait le porteur de projet que par ce qu'il ne sait pas. Si bien que nous pouvons même suggérer une variable *proxy*[5] qui révélera dans les prochaines années si les professionnels ont pleinement basculé dans le monde de l'incertain : culturellement, nous saurons que les praticiens ont vraiment pris conscience des règles qui régissent l'incertain lorsqu'ils passeront la plus grande partie de leurs présentations à dire ce qu'ils ne savent pas.

Les angles morts d'un projet dans l'incertain sont d'autant plus importants à examiner qu'il en existe de différentes natures. Certains sont conscientisés depuis longtemps, d'autres apparaissent lorsque le responsable fait l'effort

5 Une variable *proxy* est une variable approximative qui permet de se substituer à la variable plus difficilement observable et mesurable.

de s'interroger sérieusement sur les inconnues qui entourent son projet. D'autres encore restent insoupçonnés jusqu'à ce qu'ils se manifestent, sans prévenir, au cours du projet.

Il convient alors de distinguer ces différents types d'inconnues qui entourent un projet car le porteur devra les appréhender de manière différenciée. Dans cette case, nous vous proposons une méthode pour classer les angles morts selon leurs attributs et savoir comment il convient de les traiter.

DIFFÉRENCIER LES TYPES D'INCONNUES

Pour introduire la méthode qui permet de catégoriser les différentes inconnues autour d'un projet mené dans l'incertain, commençons par mentionner une anecdote historique qui s'est produite pendant la guerre d'Irak. Au début des années 2000, les États-Unis ont déclaré la guerre à Saddam Hussein. À l'époque, le gouvernement américain avait motivé son intervention en invoquant le concept de « guerre préventive ». Il soupçonnait le président de la République d'Irak d'être en possession d'armes de destruction massive et voulait l'en priver au plus vite pour éviter qu'il ne puisse s'en servir contre les intérêts américains. Quelques mois avant le début de la guerre, la presse a exprimé des doutes quant à l'existence de ces armes. C'est alors que le 12 février 2002, lors d'une conférence de presse, le secrétaire à la Défense, Donald Rumsfeld, formule ces phrases qui resteront célèbres : « *There are known knowns. These are things we know that we know. There are known unknowns. That is to say, there are things that we know we don't know. But there are also unknown unknowns. There are things we don't know we don't know.* » Traduisons ce propos en français : « Il y a le connu connu. Ce sont les choses que nous savons que nous savons. Il y a aussi l'inconnu connu, c'est-à-dire les choses que nous savons ne pas connaître. Mais il y a aussi l'inconnu inconnu, c'est-à-dire les choses dont nous ne savons pas que nous ne les connaissons pas. »

Ce passage fut initialement moqué. Notamment parce que c'était une façon plutôt commode pour l'administration américaine de dire que l'absence de preuve sur l'existence d'armes de destruction massive n'était pas la preuve de leur absence. Si l'argument est juste sur un plan logique, il fut jugé hasardeux et dangereux sur le fond : motiver une action au motif qu'on ne sait pas ce qu'on ne sait pas peut en effet conduire à justifier à peu près tout. Parce qu'on ne sait jamais tout en quelque sorte. On ne sait jamais ce qu'on ne sait pas en l'occurrence.

Indépendamment de la raison pour laquelle Donald Rumsfeld a énoncé ces phrases, il a surtout été reconnu par de nombreux chercheurs que la piste ouverte par le secrétaire à la Défense était très juste d'un point de vue logique. Si bien que cette citation fait référence aujourd'hui pour signaler qu'il est toujours instructif, face à des inconnues, de s'interroger pour savoir si ces inconnues sont des « inconnues connues », des « inconnues inconnues » ou des « connues inconnues ».

Derrière cette anecdote historique, il faut donc retenir qu'il existe des angles morts de différentes natures lorsqu'un projet navigue dans l'incertain. Nous en distinguons de trois types : soit le porteur de projets a conscience de ces inconnues et dans ce cas nous parlerons d'« inconnues connues ». Soit le porteur de projet ne sait même pas que ces inconnues existent alors nous parlerons d'« inconnues inconnues ». Soit le porteur de projet, en réfléchissant davantage, s'aperçoit qu'il connaissait en réalité la variable qu'il pensait être inconnue et nous parlerons ainsi de « connues inconnues ».

Nous sommes conscients des difficultés cognitives que peut poser cette manière de passer au tamis les inconnues pour savoir si elles sont connues ou inconnues. Le plus simple est donc de prendre une série d'exemples pour figer ces concepts.

La météo dans trois mois peut être considérée comme une « inconnue connue » car nous savons qu'il y aura une météo dans trois mois, mais nous ne pouvons pas dire aujourd'hui quelle sera cette météo. Nous savons donc ce que nous ne savons pas.

En 2019, le Covid-19 était une « inconnue inconnue ». Nous n'avions absolument pas idée que ce coronavirus pouvait exister et ne pouvions encore moins imaginer les conséquences qu'il a eues dans le monde entier. Pour n'importe quel projet lancé juste avant que ce virus ne survienne, la crise sanitaire et économique qui lui est imputable était donc une « inconnue inconnue ».

Enfin, si nous vous demandons ce que vous faisiez il y a 86 400 secondes, il est probable que votre premier réflexe soit de nous dire que vous ne savez pas. Mais si nous ajoutons que 86 400 secondes correspondent exactement à 24 heures, alors il y a de grandes chances pour que vous puissiez nous répondre car il est assez facile de se souvenir de ce que nous faisions hier à la même heure. Vous ne le soupçonniez pas initialement, mais vous aviez en réalité la réponse à cette question. Cette donnée est donc une « connue inconnue ».

La méthode consistant à interroger les inconnues d'un projet et conclure sur leurs attributs est indispensable. Elle permet d'identifier le type d'inconnues et de les traiter de manière différenciée et adaptée.

Les « inconnues inconnues » sont par construction indicibles à date. Leur survenance est imprévisible et elles ne seront connues qu'après s'être manifestées. Par conséquent, ces variables ne peuvent pas être travaillées par le porteur de projet car il n'a de prise sur elles. Dans l'incertain, il est inutile d'essayer d'anticiper ces variables ou de vouloir les maîtriser car c'est par définition impossible.

Les « connues inconnues » sont des variables qui deviennent connues après avoir été découvertes. Au moment même où elles acquièrent le statut de « connues inconnues » elles ne sont plus inconnues. Elles peuvent alors abonder la case 2 du DMC consacrée aux certitudes, mais pas celle consacrée aux angles morts (la case 3). Dans tous les cas, elles ne peuvent donc plus être considérées comme des inconnues du projet.

Enfin, les « inconnues connues » sont des variables sur lesquelles le porteur de projet peut souvent avoir une forme de maîtrise. Elles sont inconnues à date, mais le porteur de projet en est conscient. Il peut donc travailler sur ces variables pour tenter de les éclaircir. Il n'est pour autant pas certain qu'il réussira entièrement et pourra transformer ces « inconnues connues » en variables connues. Dans tous les cas, les « inconnues connues » peuvent faire l'objet d'investigations de manière à ce que le porteur de projet comprenne mieux l'environnement dans lequel évolue son projet.

Ce sont donc ces variables, et uniquement ces variables, qui doivent être renseignées dans la case 3 du DMC. Comme vous pourrez le constater en lisant les prochaines pages du livre, ces « inconnues connues » vont être disséquées et donneront lieu à un travail approfondi, tout particulièrement dans les cases 4 et 8 de notre outil d'aide à la décision dans l'incertain. L'utilisation du DMC va en effet permettre de dissiper le brouillard que ces « inconnues connues » forment devant le projet.

L'EFFET DUNNING-KRUGER

David Dunning et Justin Kruger sont deux professeurs en psychologie sociale, respectivement à l'université du Michigan et à la Stern Business School. En 2000, ils publient ensemble un article dans le *Journal of Personality and Social Psychology*. Cette recherche s'intitule « Unskilled and Unaware of It: How Difficulties in Recognizing One's Own Incompetence Lead to Inflated Self-Assessments ». Les résultats avancés dans cette étude marquent alors les esprits et l'article aura un grand retentissement dans le monde académique.

À partir d'une série d'expériences auprès de groupes d'individus, les deux chercheurs montrent en effet que les personnes ignorantes ont tendance à surestimer leurs compétences (Dunning et Kruger, 2000). Autrement dit, lorsqu'un agent ne maîtrise pas un domaine, il s'autoévalue à un niveau bien supérieur à celui qui est réellement le sien.

Ce résultat met donc en évidence une contre-intuition. Face à un sujet inconnu, la logique aurait voulu qu'un agent développe une forme d'humilité. Son manque de compétence aurait normalement dû générer une tendance à se sous-estimer. Les chercheurs pointent le phénomène exactement inverse.

Ce résultat dans le domaine de la recherche en psychologie a également une portée dans le monde du management. L'effet Dunning-Kruger peut en effet être utile pour comprendre, dans les entreprises, les propos critiques formulés à l'égard de ceux qui exercent une fonction éloignée de la sienne. Par exemple, si une personne n'a jamais été en situation de diriger une équipe, alors elle sera prédisposée à évaluer sévèrement les actions de son manager au motif qu'elle a l'impression qu'elle s'y prendrait bien mieux.

Surtout, l'effet Dunning-Kruger porte des enseignements pour tous les porteurs de projet dans l'incertain. Face à l'inconnu, nous sommes tous des néophytes. En quelque sorte, dans l'incertain, nous redevenons tous incompétents à prévoir l'avenir. Or, nous avons vu que cette incompétence nous expose à l'effet Dunning-Kruger. En qualité d'ignorants, nous pouvons en effet avoir tendance à surévaluer ce que nous savons et, symétriquement, à sous-évaluer ce que nous ne savons pas. Appliqué au DMC, ce résultat signifie que les porteurs de projet dans l'incertain vont être enclins à remplir abondamment la case 2 du DMC (consacrée aux certitudes) et à renseigner très légèrement la case 3 du DMC (consacrée aux angles morts).

L'application de l'effet Dunning-Kruger au cas particulier des projets menés dans l'incertain nous amène donc à exprimer une recommandation, voire un avertissement : l'énumération des angles morts du projet doit être suffisamment fournie pour que le porteur ne soit pas suspecté d'être victime de l'effet Dunning-Kruger. Dans l'incertain, les « inconnues connues » d'un projet sont nombreuses. Si le porteur n'en trouve pas, il est fort probable que la raison n'est pas à chercher dans les caractéristiques du projet, mais plutôt dans l'attitude du porteur. Il est probable que ce dernier surestime ses compétences. Sans doute pense-t-il maîtriser des paramètres qui sont en réalité soumis à l'aléa. Rappelons-lui dans ce cas que les variables prévisibles dans un environnement incertain sont extrêmement rares.

Mise en pratique

Rendez-vous sur la case « Angles morts » de l'outil :

- énumérez les angles morts qui encerclent votre projet. Un angle mort est une connaissance que vous savez ne pas posséder ;
- dans cette case, vous avez le choix entre lister un grand nombre de connaissances dont vous savez qu'elles ne sont pas en votre possession ou indiquer un champ extrêmement large de connaissances qui révélera par sa taille l'immensité des données manquantes sur votre projet. Dans les deux cas, votre préoccupation doit être de développer une posture d'humilité en confessant, directement ou indirectement, l'existence d'un grand nombre d'angles morts sur votre projet ;
- si vous ne parvenez pas à énumérer au moins trois angles morts, vous êtes probablement victime de l'effet Dunning-Kruger. Avant de passer au

remplissage des prochaines cases de l'outil, nous vous conseillons donc de progresser préalablement dans votre compréhension de ce que vous méconnaissez sur le sujet que vous traitez. Allez chercher de nouveaux angles morts sur votre projet pour pouvoir au minimum être en capacité d'en citer trois ;

- puisque vous remplissez la case « Angles morts » avec des sujets que vous savez ignorer, remarquez que vous décrivez ici les « inconnues connues » qui bordent votre projet.

SUITE DU CAS

Dans les cases précédentes du DMC, nous avons clarifié les objectifs de notre projet, nos valeurs et nos certitudes.

Notre objectif est de « réussir à produire des contenus vidéos sur l'incertain à la fois de grande qualité et massivement regardés par les professionnels ». Nos valeurs s'incarnent par le fait de « promouvoir la vulgarisation scientifique ». Nos certitudes portent sur « l'existence d'un intérêt de la part des professionnels à l'égard du thème de nos vidéos » et le « caractère inextensible de notre budget ».

La case 3 du DMC nous demande d'indiquer les angles morts de notre projet. Notre angle mort est de « ne pas connaître l'état de la concurrence » sur notre projet. En effet, nous ne savons pas si des acteurs se sont déjà positionnés sur la même idée que nous.

Nous pouvons vérifier qu'il s'agit bien là d'une « inconnue connue » de notre projet. Puisque nous pouvons la nommer, il ne s'agit pas d'une « inconnue inconnue ».

Notre absence de connaissance sur l'état de la concurrence constitue donc un angle mort sur notre projet. Cet angle englobe de multiples sous questions pour lesquelles nous n'avons pas de réponse : existe-t-il des concurrents sur notre projet ? Ces concurrents proviennent-ils du monde académique ou professionnel ? Quels sont les supports (vidéos, livres, blogs, autres) utilisés par les éventuels acteurs existants dont l'intention est de vulgariser auprès des praticiens les recherches sur l'incertain ?

Conscients de la profondeur de notre inconsistance par rapport à toutes ces questions, nous pensons ne pas être victimes de l'effet Dunning-Kruger.

Explorations

Executive summary

- **Lorsqu'un porteur de projet est confronté à l'incertain, il a intérêt à s'engager dans une trajectoire de découvertes permanentes**, en étant mû par la quête d'informations nouvelles susceptibles de le surprendre.

- **Les explorations à réaliser par le porteur de projet doivent satisfaire plusieurs exigences** : être frugales et modestes, être le résultat d'actions pour ne pas être fondées sur de simples réflexions.

- **Explorer correctement la boîte noire située devant un projet nécessite une confrontation directe à la réalité**. L'aptitude du porteur de projet à résoudre les problèmes *in situ* avec une approche de « *problem solver* » prévaut largement sur son aptitude à penser ces mêmes problèmes dans une posture de « *problem designer* ».

- **Pour renforcer l'efficacité de ces explorations**, le porteur de projet devra essayer d'appréhender les situations avec un œil neuf, en mobilisant sa pensée divergente.

Pour justifier le titre et le contenu de la quatrième case du DMC, il faut que nous vous présentions deux grandes figures de la recherche en sciences sociales : Herbert Simon et James March.

EXPLORER POUR DÉCOUVRIR DE NOUVEAUX ÉLÉMENTS

Herbert Simon a reçu le prix Nobel d'économie en 1978 pour ses travaux qui remettent en question la fiction de l'*homo œconomicus* comme un pavé jeté dans la mare de l'orthodoxie de la discipline. Ses recherches furent parmi les premières à amorcer un changement radical dans la façon de penser le comportement des agents économiques. Elles remettent en question la théorie classique des choix rationnels. Économiste, sociologue et pionnier dans le domaine de l'intelligence artificielle (il reçoit également en 1975 le prix Turing, principale distinction en informatique aux États-Unis), Herbert Simon a cherché ce que la science pouvait dire de la raison en partant de l'observation des faits et de recherches comportementales et expérimentales pour décortiquer les modes de pensée. Dans un univers complexe, le processus rationnel de décision est celui qui intègre progressivement l'information acquise « chemin faisant », dans une démarche qui explore le champ des possibles, dans une interaction permanente entre l'action et la connaissance qui peut même amener à construire de nouvelles voies.

Ce paradigme de pensée, initié par Herbert Simon peut se résumer en un vers tiré d'un poème d'Antonio Machado : « Promeneur, il n'y a pas de chemin. Le chemin se construit en marchant[6]. » Ce vers illustre parfaitement la manière avec laquelle la rationalité des agents devrait s'exprimer au moment de faire un choix. Le futur ne se présente pas à eux comme un ensemble d'options connues qu'ils vont examiner minutieusement pour identifier l'alternative qui leur sied le plus. Leurs choix s'opèrent de façon plus subtile. Sans information fiable ni exhaustive sur les conséquences de

6 « *Caminanto, no hay camino.* »

chacune de leurs actions, mais sous l'influence de nombreux paramètres, connus et inconnus.

Dans l'incertain, la thèse d'Herbert Simon est encore plus convaincante. Pour progresser au sein de la boîte noire qui les entoure, les agents économiques ne doivent pas chercher à traiter l'information disponible le plus efficacement possible avec une approche algorithmique ou computationnelle. Leur ambition est plutôt de mieux comprendre l'univers dans lequel ils évoluent, en interrogeant le champ de possibles et en mobilisant un raisonnement heuristique qui les amène à tâtonner pour tenter de découvrir les éléments autour d'eux. Pour le dire en un mot : en explorant.

Le terme « exploration », directement inspiré des travaux précurseurs d'Herbert Simon, nous semble définitivement être celui qu'il nous faut employer pour qualifier le type d'actions sur lesquelles le porteur de projet va s'engager dans cette quatrième case du DMC. D'autant plus que ce terme fait écho aux travaux d'un autre chercheur en sciences de gestion. James March est sans aucun doute l'un des plus cités par les chercheurs en stratégie d'entreprise qui ont discuté des modalités d'organisation de la production d'innovations dans les entreprises. En 1991, il éclaire notre compréhension du monde des entreprises en réalisant une contribution majeure à la théorie des organisations (March, 1991), en publiant dans la revue *Organization Science* un article intitulé « Exploration and Exploitation in Organizational Learning ». Dans cette étude, il interroge la capacité des entreprises à entreprendre simultanément des actions pour « explorer » et « exploiter ». Cette publication reste l'une des recherches les plus reprises et discutées en management car elle pose les termes d'un débat qui traverse encore aujourd'hui la sphère académique et professionnelle : les organisations peuvent-elles raisonnablement se consacrer à la recherche de nouvelles opportunités, en même temps qu'elles s'occupent de l'optimisation de leurs affaires existantes ? Cette question ne trouve pas de réponses triviales tant les fonctions d'exploration et d'exploitation montrent des antagonismes.

En effet, l'exploration consiste en une quête. Son objectif réside dans la découverte de nouveaux procédés, de produits/services inattendus ou encore de marchés naissants. Pour réussir, il convient de fonder la dynamique exploratoire d'une entreprise sur des procédures flexibles de manière à autoriser les expérimentations permanentes. Les résultats d'un processus exploratoire sont généralement incertains, à long terme et négatifs.

Par opposition, la notion d'exploitation qualifie la trajectoire dans laquelle l'entreprise se place pour optimiser l'existant. Son intention est de perfectionner les compétences et les technologies déjà à l'œuvre dans l'organisation. Pour y parvenir, l'entreprise déploie des standards, crée des routines et porte une attention particulière au contrôle de ses modes opératoires. Les résultats d'un processus d'exploitation sont souvent prévisibles, rapides et positifs.

L'exploration et l'exploitation reposent ainsi sur des logiques contraires en termes d'objectifs, de moyens à mobiliser, de risques, d'espérance et de variabilité des résultats attendus.

La distinction opérée par James March entre les fonctions d'exploitation et d'exploration prend une dimension supplémentaire quand elle est examinée à la lumière des changements à l'œuvre dans l'environnement des entreprises. Le passage du monde du risque à celui de l'incertain valorise significativement la fonction d'exploration, au détriment de l'exploitation. Si les entreprises évoluent dans un monde où tout change de manière aléatoire, la faculté des entreprises à se réinventer devient primordiale, alors que celle d'optimiser l'existant se révèle être moins importante.

La notion d'exploration, telle que définie par James March, correspond bien à l'esprit des actions qu'il convient de mener dans l'incertain pour faire progresser son projet. Nous sommes donc confortés dans notre choix de la reprendre et de qualifier d'explorations toutes les actions qui vont être engagées par le porteur de projet pour éclaircir la boîte noire qui est devant lui.

Dans l'incertain, à l'échelle d'un projet, il n'est pas question d'optimiser l'existant mais au contraire d'aller à la recherche de nouvelles informations. Les agents économiques doivent se mettre en quête de données précieuses pour faire progresser leurs projets dans un monde devenu imprévisible, sans aucune garantie de réussir, ni aucune assurance sur les délais qui séparent les parties prenantes de l'échéance du projet. Après avoir clarifié les objectifs de son projet, ses valeurs, ses certitudes et ses angles morts, le porteur de projet va donc devoir identifier les explorations qu'il s'engage à mener pour disperser le brouillard qui s'est installé devant lui.

LES DEUX TYPES D'EXPLORATIONS À RÉALISER

Dans un contexte où les événements sont prévisibles, les problèmes prennent la forme d'un énoncé logique, articulé sur des hypothèses dicibles et des relations claires entre les différentes variables impliquées. Piloter un projet dans un environnement stable requiert donc principalement des compétences analytiques. Le talent des porteurs de projet réside dans leur capacité à penser la meilleure solution. Dans un univers certain, il est admis que les meilleurs porteurs de projet sont d'excellents *problem designers* (celui qui pense les problèmes).

En revanche, lorsque l'environnement devient incertain, la posture des porteurs de projet doit changer. Les compétences analytiques ne servent plus autant. En tout cas, pas de la même façon. Il ne s'agit plus pour les porteurs de projet de modéliser par abstraction toutes les variables d'un problème mais de les découvrir progressivement en cherchant à les résoudre les uns après les autres. Les événements n'étant plus prévisibles, les problèmes ne peuvent plus être intellectualisés. Dans ces conditions, être un excellent *problem designer* perd de son sens. Les porteurs de projet doivent se transformer en *problem solvers* (celui qui résout les problèmes). Ils doivent développer des compétences de résolution de problèmes encore inconnus et singuliers. Or, cette aptitude repose sur des jeux de savoirs inédits parmi lesquels l'ingéniosité, l'astuce et la débrouillardise.

Lorsque des problèmes se présentent sous une forme totalement nouvelle, une part importante de la solution se trouve dans l'inventivité dont saura faire preuve la personne en charge de régler la situation. Cette créativité, combinée à une volonté d'expérimentation, forme la compétence d'ingéniosité si utile et précieuse des *problem solvers*. Dans l'incertain, les problèmes ne pouvant plus être posés clairement, les porteurs de projet doivent être rusés et malins pour tâtonner et explorer avec dextérité. S'ils doivent faire preuve de malice et de débrouillardise, c'est parce que ces qualités leur permettront d'explorer des solutions *a priori* impensables sur un plan strictement intellectuel.

Le DMC s'inscrit résolument dans la liste des outils à l'attention des *problem solvers*. Son ambition est d'aider à la résolution de problèmes encore indéterminés et non anticipés. Inutile de s'en servir dans un univers stable pour penser les problèmes et les traiter de loin avec une posture exclusivement analytique. Dans cette perspective, la case 4 du DMC demande explicitement aux porteurs d'identifier quelques actions susceptibles de faire avancer leur projet. Autrement dit, il leur est demandé de nommer clairement les actions capables de leur apporter plus de visibilité sur leur environnement et leur projet.

Ces actions doivent absolument répondre à deux critères : être frugales et rapides à exécuter. Dans l'incertain, rien n'est sûr. Par conséquent, le retour sur investissement d'une action devient profondément aléatoire. Pour cette raison, il serait inconsidéré de lancer des actions coûteuses, aussi bien sur le plan financier qu'en termes de temps à allouer à ces actions. Ces actions sont des explorations. En aucun cas des aventures ou des périples au long cours !

L'enjeu de ces explorations étant de faire avancer le projet par la découverte de nouvelles informations, il est indispensable qu'une partie d'entre elles fassent écho aux angles morts préalablement identifiés à la case 3 du DMC. Toutefois, si le porteur de projet se contente d'aller à la recherche de réponses pour obtenir des informations sur les angles morts qu'il a préalablement repérés, alors il passe à côté d'opportunités car il ne se laisserait pas la possibilité de découvrir des variables dont il n'avait pas connaissance. Il risquerait notamment de passer à côté d'informations sur les « inconnues inconnues » du projet. Or, ces informations sont souvent précieuses et peuvent apporter beaucoup de valeur au porteur. Une seconde série d'explorations doit donc être menée, sans objectif prédéfini, sans but précis, avec la seule intention d'accepter de se laisser surprendre tout en étant ouvert à la sérendipité.

LE SYNDROME DU LAMPADAIRE

Consacrer une partie des explorations à la recherche d'informations inédites et non orientées par les angles morts préalablement identifiés sur le projet permet d'éviter d'être atteint par le syndrome du lampadaire.

Pour expliciter ce qu'est le « syndrome du lampadaire », faisons un détour. Mettons-le en scène. Regardons les formes qu'il peut prendre dans la vie de tous les jours avant d'en tirer un enseignement pour les projets dans l'incertain.

Considérez Thomas, heureux propriétaire d'un appartement situé en bordure du bois de Vincennes. Tous les matins, Thomas se promène dans les bosquets qui jouxtent son logement. La nuit, le bois est plongé dans une obscurité totale. La seule zone éclairée se situe sous le seul lampadaire du quartier, à quelques mètres de la résidence de Thomas.

Valérie est une voisine. Un soir, elle observe Thomas, inquiet, en train de chercher quelque chose sous le lampadaire. Elle descend pour s'assurer que son voisin n'est pas en détresse. Elle lui demande : « Bonjour Thomas ! Comment vas-tu ? Qu'est-ce que tu fais là à une heure si tardive ? » Thomas lui répond : « Je suis à la recherche de ma gourmette. Je l'ai perdue ce matin pendant ma balade quotidienne dans le bois. » « Mince ! », lui dit-elle, « attends, je vais t'aider à la retrouver. Mais, je ne comprends pas bien… L'as-tu égarée ici, sous le lampadaire ? » « Non, je l'ai perdue dans le bois mais la seule zone éclairée est ici ! », lui explique-t-il.

Cette histoire amusante en raison de son caractère loufoque est fréquemment racontée pour mettre en exergue le syndrome du lampadaire. Elle révèle une absurdité. En effet, il est tentant de se moquer de Thomas. Pourquoi cherche-t-il sa gourmette sous le lampadaire alors même qu'il l'a perdue dans le bois ? C'est ridicule. Le fait que ce soit l'unique zone éclairée n'est pas une raison valable pour chercher à ce seul endroit.

Mais attention aux moqueries. Elles pourraient bien se retourner contre ceux qui les formulent ! Car cette erreur, stupide au demeurant, est en réalité une maladresse régulièrement commise dans le cadre des projets dans l'incertain. Lorsqu'un porteur de projet souhaite découvrir de nouvelles variables, il cherche souvent là où il est simple de chercher. Là où c'est éclairé. Il est ainsi victime du syndrome du lampadaire.

La recherche d'informations inédites doit permettre au porteur de projet d'aller à la découverte de zones inexplorées. Il faut s'ouvrir aux pistes qui ne sont bordées d'aucun lampadaire, sans certitude ni présomption d'y trouver quelque chose. Découvrir l'inconnu nécessite de défricher des chemins encore inexplorés. Pour ce faire, le porteur de projet doit solliciter sa pensée divergente.

SOLLICITER LA PENSÉE DIVERGENTE

Aller à la découverte de nouvelles contrées, sans repère ni horizon, nécessite de cultiver une posture particulière pour réussir à traiter correctement les informations récoltées au cours des explorations. Le porteur de projet doit être ouvert à la façon dont des données récoltées par hasard et au fil de l'eau peuvent influencer son projet. Pour réussir à tirer des enseignements à partir d'informations qui n'ont pas forcément un lien direct et immédiat avec le projet, le porteur doit cultiver sa pensée divergente.

La pensée divergente renvoie à la capacité dont les agents font preuve quand ils réussissent à détourner certaines informations de leur sens initial pour les mettre au service de leur propre projet. Joy Paul Guilford, professeur à l'université de Caroline du Sud, a créé en 1967 un test pour évaluer la pensée divergente des individus. Ce test consiste à imaginer, en un temps donné (souvent fixé à cinq minutes), tous les usages qu'il est possible de donner à un trombone. En moyenne, les personnes trouvent une dizaine d'usages possibles. Elles proposent souvent de défaire le trombone pour en faire un hameçon à canne à pêche, de le déplier pour le transformer en boucle d'oreille, de l'utiliser comme pic pour saisir des aliments ou ouvrir un téléphone portable, ou encore d'en faire un objet de décoration en l'enroulant de manière à lui donner une forme esthétique... Les plus doués, ceux qui ont une pensée divergente extrêmement développée, peuvent aller jusqu'à imaginer cinquante usages différents.

La pensée divergente s'oppose ainsi à la pensée convergente. La pensée convergente caractérise la mécanique intellectuelle qui est mobilisée pour résoudre un problème dans un environnement donné, quand le champ des possibles est connu. Au début du XXe siècle, Karl Duncker propose alors un test pour mesurer l'aptitude des individus sur ce type de pensée. Ce test est connu sous le nom de test de la bougie. Il prend la forme d'une énigme que les personnes doivent résoudre : imaginez que vous ayez sur une table accolée à un mur une bougie, une boîte d'allumettes et une boîte de punaises qui contient vingt punaises (voir figure 2 ci-après). Comment procéderiez-vous pour fixer la bougie allumée au mur en faisant en sorte que la cire ne coule pas sur la table ?

***Figure 2** – Énoncé du test de la bougie de Karl Duncker*

(Dessin réalisé par la designeuse Cora)

Pour résoudre cette énigme, il suffit de comprendre que le contenant de la boîte de punaises peut être utilisé pour faire un socle, de manière à ce que la cire coule dans ce récipient plutôt que sur la table (voir figure 3 ci-après).

Figure 3 *– Solution du test de la bougie de Karl Duncker*

(Dessin réalisé par la designeuse Cora)

La pensée convergente repose sur des raisonnements logiques qui prennent toute leur puissance dans des environnements stables où les variables sont connues, alors que la pensée divergente nécessite une forme de créativité très utile dans des situations où il convient de découvrir son environnement.

Dans le cadre des explorations à réaliser pour découvrir les « inconnues inconnues » qui entourent le projet, la pensée divergente du porteur lui sera sans aucun doute plus utile que sa pensée convergente.

En effet, lorsque le porteur décale son regard en réinterprétant les événements qui surviennent au cours de son projet, il s'offre la possibilité de progresser dans l'incertain avec davantage de flexibilité. En étant attentif aux signaux faibles et en prenant en considération toutes les informations périphériques à son projet, le porteur élargit son champ de vision. Ce mouvement d'ouverture est d'autant plus important dans un environnement où les bulles de filtres et les chambres d'échos ne nous permettent désormais plus de voir le monde de manière neutre. Notre rapport aux informations (et donc au réel) s'avère biaisé dès lors qu'il est médié par les outils numériques. Les algorithmes à partir desquels s'opère le choix des informations qui nous sont proposées sont définis par les traces que nous laissons en ligne. Les conditions pour réussir à changer la perspective de son regard sur une situation, sur une information ou sur un fait sont donc devenues contraignantes. Mais le porteur de projet doit s'astreindre à penser le plus possible en dehors du cadre pour faciliter sa progression dans l'incertain.

Mise en pratique

Rendez-vous sur la case « Explorations » de l'outil :
- décrivez d'abord l'ensemble des actions à mettre en place pour supprimer les angles morts identifiés dans la case 3 ;
- énoncez ensuite une série d'actions qui pourraient vous apporter des informations surprenantes ou des connaissances inédites sur votre projet.

Pour définir cette seconde série d'actions, essayez au maximum de penser « *out of the box* » (« en dehors de la boîte »). Imaginez des actions véritablement singulières. L'objectif est ici de vous mettre en situation de récolter des informations déroutantes qui vous permettent de regarder votre projet différemment. N'hésitez donc pas à emprunter des chemins déconcertants en faisant appel à votre audace et à la partie la plus divergente de votre pensée.

SUITE DU CAS

Dans les cases précédentes du DMC appliqué à notre propre projet, nous avons clarifié les objectifs de notre projet, nos valeurs, nos certitudes et nos angles morts.
La case 4 du DMC nous demande d'indiquer les explorations que nous sommes prêts à réaliser pour obtenir des informations utiles à la conduite de notre projet.
Nous décidons de mener deux explorations. La première consiste à examiner « les vidéos publiées sur le thème de l'incertain à partir des plateformes à destination des professionnels (YouTube, Coursera, LinkedIn) ». Cette exploration vise à réduire l'angle mort préalablement identifié sur notre projet. Nous avions en effet signalé

dans la case 3 du DMC que nous n'avions pas d'information sur « l'état de la concurrence » autour de notre projet. Regarder s'il existe des vidéos sur l'incertain sur YouTube, Coursera et LinkedIn est une façon d'en savoir plus sur l'univers concurrentiel dans lequel s'inscrit notre projet.

La seconde exploration consiste à « contacter Maxime ». Il s'agit d'un entrepreneur qui avait lancé, il y a quelques années, un projet dont l'ambition était d'agréger les meilleurs contenus disponibles en ligne pour les rendre accessibles aux professionnels. Son regard et son expérience pourraient nous apporter des informations surprenantes et de grande valeur. Cette exploration vise donc à aller à la découverte de nouvelles informations susceptibles de nous surprendre.

Notons que nos explorations correspondent bien aux deux types d'explorations à mener. Notre première exploration réduit notre angle mort préalablement identifié, tandis que la seconde est un moyen d'aller chercher des « inconnues inconnues » sur notre projet.

Ajoutons que les deux actions envisagées respectent les deux critères indispensables pour être qualifiées d'explorations : elles sont frugales et rapides à exécuter.

Signalons enfin que notre seconde exploration ne nous rend pas victime du syndrome du lampadaire. Les retours de Maxime pourraient en effet nous amener sur un terrain dont nous n'avons pas conscience à date et changer la vision que nous avons de notre projet. Nous tâcherons de l'écouter en mobilisant notre pensée divergente pour tenter de comprendre comment nous pouvons utiliser ses remarques pour transformer notre projet.

Attentes-métriques

Executive summary

- **L'imprévisibilité du contexte économique dans lequel évoluent les entreprises a produit un changement de paradigme en matière de prise de décision.** Dans des environnements relativement stables, les porteurs de projet pouvaient choisir de réaliser une action parce qu'ils l'estimaient opportune. Dans l'incertain, ils doivent décider d'opérer une action uniquement s'ils sont parvenus préalablement à collecter la preuve qu'elle est judicieuse.

- **Les décisions ne sont plus guidées par la croyance des porteurs de projet, mais par les preuves qu'ils ont pu récolter.** Le processus de prise de décision est ainsi devenu plus scientifique et laisse moins de place à l'intuition ou aux pressentiments.

- **Concrètement, les porteurs de projet doivent anticiper ce qu'ils attendent des actions** qu'ils mettent en place et élaborer dans le même temps un jeu d'indicateurs capables de leur signaler si ces actions ont produit les effets escomptés.

L'effectuation est peut-être le concept issu de la recherche en entrepreneuriat qui a le plus essaimé dans la sphère professionnelle. Pour autant, nombreux sont encore les praticiens qui l'ignorent. Nous pouvons donc en rappeler brièvement l'origine et la substance.

LA LOGIQUE EFFECTUALE

Nous devons le concept d'effectuation à Saras Sarasvathy. Professeure d'entrepreneuriat à l'université de Darden, cette chercheuse a réalisé son doctorat sous la direction d'Herbert Simon. En 2001 et 2008, elle publie deux articles respectivement intitulés « Causation and Effectuation: Toward a Theoretical Shift from Economic Inevitability to Entrepreneurial Contingency » et « What Makes Entrepreneurs Entrepreneurial? ». Dans ces travaux, elle utilise un corpus d'entretiens réalisés à travers les États-Unis auprès de vingt-sept entrepreneurs à succès. Grâce à ce terrain d'étude, elle trouve un résultat remarquable. Elle montre en effet que le mode de raisonnement des entrepreneurs à succès n'est pas fondé sur une forme de rationalité « causale » mais sur une rationalité dite « effectuale ». Autrement dit, les entrepreneurs à succès n'ont pas d'objectifs à long terme desquels ils déclinent des actions précises pour trouver le moyen d'atteindre leurs buts initiaux, mais ils partent plutôt des ressources en leur possession et envisagent ensuite l'ensemble des applications auxquelles ils peuvent prétendre.

Ce résultat a des implications très lourdes en matière d'innovation. Il invite notamment les entreprises à revoir complètement la manière dont elles mènent leurs projets d'innovation.

Décrivons la séquence habituelle suivie par les entreprises qui désirent innover. Souvent, les dirigeants commencent par lancer une phase d'idéation dont le but est de caractériser la forme de la nouvelle solution à développer. Une fois arrêtée, cette solution devient un objectif clair et dicible. Les managers s'engagent alors dans l'identification des ressources à mobiliser pour atteindre leur cible et s'engager dans la conception et la production de l'innovation. Cette séquence, caractérisée d'abord par la formulation d'un objectif de manière à définir ensuite les étapes permettant de l'atteindre, suit une logique causale. L'innovation prend en effet la forme d'une intention définie *a priori* et le processus d'innovation consiste en un travail sur les causes permettant de l'atteindre.

Si nous nous référons aux travaux de Saras Sarasvathy, cette manière de penser et de produire l'innovation dans les entreprises a perdu de sa pertinence. L'innovation doit être tirée par une logique exactement inverse. Plutôt que de commencer par définir un objectif, les entreprises devraient partir des ressources en leur possession pour avancer au rythme des effets produits par les développements itératifs qu'elles conduisent. Sans préjuger de leurs destinations finales, sans prédéfinir les contours de l'innovation qu'elles souhaitent réaliser. Concrètement, elles doivent assumer de ne pas avoir de feuilles de route figées, s'empêcher de suivre un plan, s'interdire de budgéter *ex ante* leurs programmes d'innovation et s'engager sur le chemin de la sérendipité.

Adhérer aux principes de l'effectuation, c'est comprendre que l'innovation a changé de statut : elle n'est plus le résultat d'une pensée structurée et maîtrisée, mais la conséquence heureuse de tests permanents.

Dans l'incertain, le futur n'étant pas prévisible, les porteurs de projet n'ont pas intérêt à se fixer des objectifs à long terme pour essayer ensuite de les atteindre. Ils doivent au contraire entrer dans une démarche de découvertes progressives, pour itérer sur leurs projets et les faire avancer pas à pas, sans préjuger de ce qu'ils deviendront à terme. Les porteurs de projet doivent donc adopter une posture résolument effectuale et limiter les modes de raisonnements causaux.

Le DMC a évidemment été pensé au service de l'effectuation dont les porteurs doivent faire preuve. C'est pourquoi, il est concrètement demandé aux utilisateurs du DMC de préciser ce qu'ils attendent de leurs explorations, uniquement après en avoir décrit le contenu. Cette chronologie dans l'enchaînement des cases garantit le parti pris effectual du DMC. Dans l'incertain, les porteurs de projet doivent d'abord signaler ce qu'ils comptent faire (ces actions étant guidées par la seule intention de réduire leurs angles morts et de se laisser surprendre) avant de réfléchir à ce qu'ils peuvent légitimement attendre de ces actions.

Conformément à la logique effectuale qu'il convient d'adopter dans l'incertain, la case 5 du DMC interroge donc le porteur de projet sur les effets attendus des actions qu'il a énumérées préalablement dans la case 4.

ASSOCIER DES MÉTRIQUES AUX ATTENTES

La case 5 du DMC ne se contente toutefois pas d'interroger les porteurs de projet sur leurs attentes par rapport aux explorations préalablement exprimées. L'outil d'aide à la décision dans l'incertain leur demande explicitement de définir les métriques qui leur permettront de savoir si ces attentes ont été satisfaites.

Lorsqu'une attente est formellement exprimée, il est toujours instructif d'y associer une métrique de manière à vérifier si cet espoir est comblé à terme. Les indicateurs ont en effet cette vertu de pouvoir objectiver les situations. Ils permettent de sortir des appréciations subjectives et de statuer sans ambages sur le fait qu'une attente a été satisfaite ou déçue.

À cet égard, le DMC s'inspire de l'adage bien connu : « Ce qui ne se mesure pas ne s'améliore pas. » Cet axiome a originellement été posé par Edwards Deming. Statisticien et professeur à l'université de New York, Edwards Deming a beaucoup publié sur la notion de qualité et d'amélioration continue dans les entreprises. Il a notamment popularisé la méthode du *Plan Do Check Act* (PDCA) qui invite les managers à suivre une séquence bien déterminée avant d'opérer un changement de processus dans l'organisation. Le nouveau processus doit d'abord être imaginé et préparé par les managers (*plan*). Après, il doit donner lieu à une expérimentation dans une zone pilote (*do*). Les résultats doivent ensuite être évalués pour contrôler que le changement opéré a bien conduit aux résultats escomptés (*check*). Si et seulement si c'est le cas, alors le changement pourra être acté (*act*) et diffusé dans l'organisation. Cette manière de penser l'amélioration des processus dans les entreprises est si rigoureuse qu'elle a souvent été comparée à une méthode scientifique.

Edwards Deming accordait une grande importance aux données car elles permettent, selon lui, d'appréhender les sujets avec la rigueur nécessaire, d'éviter que les décisions soient prises à partir de simples présomptions et d'obliger les décideurs à confronter leurs représentations à la réalité. « *In God we trust, all others bring data* » (« En Dieu nous croyons ; pour le reste, nous voulons des données ») aimait-il dire. Le management n'est pas un jeu de croyances, mais un jeu scientifique.

Dans l'incertain, rien n'est sûr. Ce qui ressemblait dans un monde stable à des vérités irréfutables se transforme rapidement dans un univers imprévisible en intuitions et en paris. Dans des contextes où l'aléa prédomine, il devient donc d'autant plus important de remettre de la précision et de la donnée pour pouvoir tirer ses conclusions sur des bases scientifiques afin de retrouver quelques certitudes dans un monde rempli d'incertitudes.

Les évaluations formelles à réaliser ne peuvent cependant pas porter sur le projet lui-même car son orientation reste inconnue et change en permanence. Elles doivent alors porter sur les apprentissages du porteur de projet et doivent venir vérifier qu'il apprend sur son environnement grâce à ses explorations. Les évaluations objectives interviennent donc pour valider (ou invalider) les attentes du porteur de projet à l'égard de ses explorations.

Enfin, rappelons que dans l'incertain les projets ne sont pas mus par l'atteinte d'un objectif précis, défini initialement. Il est dès lors difficile pour un porteur de savoir si son projet progresse ou au contraire fléchit. En lui offrant la possibilité de se raccrocher à la certitude d'avoir satisfait les espoirs qu'il avait placés sur ses explorations, le DMC lui concède un repère. C'est une façon pour lui de s'assurer que son projet avance.

LE DÉTOURNEMENT POSSIBLE DES DONNÉES

Après avoir mentionné l'intérêt des métriques, il convient d'avertir les porteurs de projet sur le principal danger des données. Elles peuvent en effet être largement et facilement détournées.

Pour s'en souvenir, rappelez-vous qu'un individu qui aurait la tête dans le four et les pieds dans la glace pourrait tout à fait attester que la température est « en moyenne » plutôt bonne. Alors même que cette personne est confrontée à deux gros problèmes, elle peut les cacher avec un raisonnement « en moyenne ». En fonction des règles retenues pour les traiter et des choix opérés dans leurs présentations, les données peuvent être utilisées pour soutenir des arguments fallacieux.

Il est donc possible de tout faire dire aux chiffres. Edmund Husserl, le père fondateur de la phénoménologie, le disait avec ses mots quand il signalait que « les mathématiques sont les habits des idées ».

La présence de métriques permettant de vérifier si les attentes du porteur de projet à l'égard de ses explorations ont été satisfaites ne se suffit donc pas à garantir la fiabilité des décisions prises. Si le porteur de projet décide par principe de dire que ses attentes ont été satisfaites, il pourra le faire sans difficulté.

La principale protection face aux détournements possibles des données recueillies dans le DMC réside dans le fait que le porteur n'y a aucun intérêt car ce n'est absolument pas un outil de reporting. Il ne sert pas à rapporter des données ou des indicateurs à ses supérieurs hiérarchiques. Corrompre les données pour rendre compte, à tort, que le projet avance n'est ainsi pas une stratégie qui apporterait un quelconque bénéfice au porteur de projet. Le DMC est au service de celui qui l'utilise. C'est un outil d'aide à la décision dans l'incertain et de pilotage, dont l'efficacité dépend directement de la fiabilité des informations qui y sont injectées.

LOI DE GOODHART

Par-delà les détournements volontaires de données, les porteurs de projet doivent également savoir que les indicateurs peuvent parfois échouer à mesurer correctement le phénomène qu'ils sont censés évaluer.

Charles Goodhart, professeur d'économie à la London School of Economics, nous l'a appris en 1975 en énonçant ce qui deviendra par la suite sa loi éponyme : « Lorsqu'une mesure devient un objectif, elle cesse d'être une bonne mesure. » Cette loi signifie qu'un indicateur ne doit jamais être perçu comme un objectif à atteindre. Si les agents économiques modifient leurs comportements pour tenter d'améliorer un indicateur, alors cet indicateur ne peut plus prétendre mesurer la tendance qu'il devait initialement évaluer. Le changement de comportement des agents biaise inévitablement la mesure.

Prenons un exemple pour illustrer cette loi. Imaginez que vous souhaitiez lancer votre premier album de musique. Votre projet évolue dans un univers incertain puisqu'il est difficile pour vous d'évaluer les probabilités de succès et d'échec de votre projet. Vous décidez donc d'utiliser le DMC. Vous commencez par vous assurer que vos valeurs sont alignées avec les objectifs généraux et initiaux de votre projet. Vous repérez ensuite vos certitudes et vos angles morts. Puis, parmi les explorations que vous planifiez, vous décidez de soumettre votre album à l'évaluation de cent personnes prises au hasard, dans le but d'apprécier l'appétence du marché pour votre proposition artistique. Votre attente concernant cette exploration est donc clairement exprimée : obtenir une information fiable sur l'intérêt du marché pour votre musique. Vous devez maintenant choisir un indicateur qui vous permettra de statuer sur le fait que votre exploration vous a bien permis de savoir si le marché apprécie votre musique. Le pourcentage de personnes qui se déclareront prêtes à acheter votre album est une métrique tout indiquée. Vous décidez de la retenir comme indicateur.

La recommandation induite par la loi de Goodhart sur votre projet est alors simple : si vous vous lancez comme défi de maximiser le nombre de personnes qui se déclareront prêtes à acheter votre album, alors vous ferez tomber la fiabilité de votre indicateur. Par différents moyens, vous pourriez en effet inciter les personnes à donner la réponse qui vous arrange. Vous pourriez par exemple attirer chez ces cent personnes une forme d'empathie en leur signalant tout l'espoir que vous placez dans cet album. Vous pourriez également proposer aux personnes qui se déclarent prêtes à acheter votre album de leur offrir un exemplaire en remerciement de leur réponse positive. Toutes ces actions feraient naturellement grimper votre indicateur. Mais cet indicateur perdrait tout son sens et ne pourrait plus être considéré comme une métrique fiable, capable de mesurer l'intérêt du marché pour votre talent d'artiste.

Finalement, les métriques choisies pour savoir si les explorations ont correctement comblé les attentes qu'elles suscitent doivent éviter deux écueils. D'abord, elles ne doivent pas être utilisées à des fins de reporting pour éviter les détournements volontaires de données. Ensuite, elles ne doivent pas être transformées en objectifs, sous peine de perdre toute leur acuité.

Mise en pratique

Rendez-vous sur la case « Attentes-métriques » de l'outil :
- remplissez la partie « Attentes » de cette case en inscrivant ce que vous espérez obtenir de chaque action énumérée dans la case « Explorations » ;
- remplissez ensuite la partie « Métriques » : pour ce faire, concevez des indicateurs qui seront capables d'évaluer si les attentes que vous avez formées autour de chacune de vos explorations seront satisfaites ou au contraire déçues. Formalisez un indicateur par attente.

SUITE DU CAS

Dans les cases précédentes du DMC, nous avons clarifié les objectifs de notre projet, nos valeurs, nos certitudes, nos angles morts et les explorations que nous envisageons de réaliser.
La case 5 du DMC nous demande ce que nous attendons de nos explorations et comment nous allons mesurer ce que nous avons appris de ces explorations.
Nous attendons de notre examen des plateformes YouTube, Coursera et LinkedIn qu'il nous apporte « des idées sur la manière de positionner notre projet sur le marché ». Pour évaluer la satisfaction de cette attente, nous décidons de suivre comme métrique le « nombre d'idées que nous aurons grâce à notre étude de la concurrence ».

Nous attendons de notre conversation avec Maxime qu'elle nous apporte « des idées sur les fonctionnalités de notre produit ». Pour évaluer la satisfaction de cette attente, nous décidons de suivre comme métrique le « nombre de nouvelles fonctionnalités suggérées par Maxime ».

Notons que le nombre d'idées que nous récolterons grâce à notre étude des plateformes de diffusion de contenus et à notre conversation avec Maxime ne sera pas communiqué à des tiers pour leur rendre compte de notre avancement sur le projet. Ces données seront uniquement utilisées par les membres du projet, ce qui réduit significativement l'intérêt d'en opérer un détournement.

Ajoutons que nous ne cherchons pas à maximiser le nombre d'idées récoltées à la suite de notre analyse de la concurrence et de notre conversation avec Maxime. Nous suivons simplement ce chiffre pour savoir si nos attentes ont été satisfaites. Nos métriques ne sont donc pas des objectifs à atteindre mais de simples mesures. Elles restent ainsi fiables car nous évitons de tomber dans les écueils de la loi de Goodhart. Vous pouvez remarquer qu'il serait très facile d'opérer un détournement des métriques. Considérez par exemple que Maxime nous suggère une grande idée sur notre produit. Il suffirait de découper cette grande idée en de nombreuses petites idées pour faire grimper l'indicateur du nombre d'idées récoltées. Le DMC étant un outil de pilotage pour ceux qui l'utilisent et non un outil de reporting à destination des tiers, nous n'avons nullement intérêt à nous prêter à ce genre de détournements.

Agenda

Executive summary

- **Dans un environnement imprévisible, les porteurs de projet ont intérêt à instrumentaliser le calendrier des explorations** qu'ils doivent réaliser pour faire avancer leurs projets.

- **Cet agenda des actions à effectuer ne doit pas être le résultat d'une analyse basique** consistant à repérer simplement les prochaines disponibilités du porteur de projet. Le planning doit être pensé de manière stratégique pour conférer davantage de force et aider à affronter la boîte noire devant le projet.

- **En élaborant leur *to-do-list* avec une approche tactique**, les porteurs de projet bénéficieront d'au moins deux atouts : ils créent les conditions qui leur permettront de s'inscrire plus facilement dans une trajectoire d'apprentissage permanent et ils pourront renforcer leur niveau d'implication sur le projet.

Dans l'incertain, les porteurs de projet peuvent légitimement éprouver un sentiment de perte de contrôle. Plusieurs stratégies, auparavant à leur disposition, deviennent inopérantes, en particulier toutes celles visant à chercher dans le passé des données capables de prédire l'avenir. Le futur n'étant plus prévisible, il devient inutile de chercher à l'anticiper. Les stratégies de couverture du risque se révèlent également inefficaces. La dimension purement aléatoire des événements ne donne plus aux porteurs de projet suffisamment d'informations pour choisir et moduler leur niveau d'exposition au risque. Privés de ces leviers, les porteurs de projet peuvent avoir l'impression de subir plus que de maîtriser.

Pour autant, les porteurs de projet doivent être conscients qu'un certain nombre de variables restent en leur possession. Nous souhaitons insister sur ce point car nos observations nous laissent à penser qu'un grand nombre d'entre eux l'oublient. Dans l'incertain, les porteurs de projet conservent la main sur des variables essentielles. Ils continuent par exemple de travailler sur les valeurs et les partis pris avec lesquels ils comptent attaquer l'avenir. Ils décident également de la méthode et des outils qu'ils utiliseront pour faire évoluer leur projet dans l'incertain (nous leur conseillons le DMC). Ils décident enfin du rythme et sont pleinement dépositaires de la vitesse de progression de leurs explorations.

L'une des clefs pour apprivoiser l'incertain consiste en effet à reconsidérer le portefeuille des variables sur lesquelles le porteur de projet conserve une emprise et celles pour lesquelles il doit accepter de perdre son autorité. Redéfinir le caractère endogène et exogène des variables qui composent un projet permet de recentrer l'énergie sur les bons sujets. Dans cette perspective, il convient de rappeler que la vélocité avec laquelle le projet va se mouvoir dans son environnement relève de leur pleine responsabilité. Pour le dire de manière imagée, l'incertain place un brouillard devant les décisions du porteur de projet. L'épaisseur du brouillard est une variable exogène, c'est-à-dire indépendante de la volonté du porteur de projet. En revanche, la rapidité avec laquelle le porteur va désépaissir ce brouillard lui appartient totalement.

Dans ce contexte, l'agenda relatif aux explorations à réaliser devient un sujet primordial. Il détermine le tempo des découvertes du porteur sur son projet et son environnement. Il conditionne mécaniquement la vitesse de progression du projet.

De surcroît, le planning des explorations à effectuer présente quelques propriétés supplémentaires. En l'observant, il est possible de savoir si le porteur de projet utilise le DMC comme un outil de gestion ou d'apprentissage.

OUTIL DE GESTION CONTRE OUTIL D'APPRENTISSAGE

En entreprise, le terme « outil » est employé de manière générique. Il couvre des réalités variées. Un outil peut prendre la forme d'une application, d'un logiciel, d'un objet connecté, d'un guide ou encore d'une méthode. Il se présente sous format papier ou numérique. Il peut être matériel ou immatériel. Le mot est si large qu'il convient toujours de préciser son intention de manière à mieux comprendre ce qu'il désigne. Quand nous présentons pour la première fois le DMC, nous ne pouvons par exemple pas nous contenter de dire qu'il s'agit d'un outil. Nous devons ajouter qu'il vise à aider les managers et les collaborateurs à prendre des décisions dans l'incertain. Dire simplement du DMC qu'il est un outil ne suffirait pas à pouvoir se figurer son utilité.

Lorsqu'une entreprise achète un outil, elle espère légitimement qu'il pourra l'aider à améliorer une ou plusieurs dimensions de sa performance. Son attente peut être d'améliorer sa productivité, de renforcer la qualité de ses processus, de réduire ses coûts, de renforcer sa réactivité, d'accroître sa propension à innover... Il existe une large palette de raisons pour lesquelles une entreprise peut vouloir détenir un outil.

Quelle qu'en soit la raison, l'achat d'un outil est motivé. Autrement dit, en procédant à son acquisition, l'entreprise exprime le désir de l'utiliser pour la promesse qu'il prétend tenir. Dès lors, les attentes autour de l'outil sont fortes. Pour faciliter son déploiement, l'entreprise invite donc ses collaborateurs à fournir des efforts pour se conformer à l'usage qui est recommandé. Par conséquent, les employés sont priés de se mettre à niveau pour utiliser correctement l'outil.

Cette séquence de déploiement des outils en entreprise sous-entend ainsi que c'est aux collaborateurs de fournir les efforts nécessaires pour respecter les routines prescrites par les outils. Puisque ces outils visent l'amélioration de la gestion de l'entreprise, nous les plaçons dans la catégorie des outils de gestion.

Cependant, un petit nombre d'outils ne procèdent pas de la même logique et fondent leur intérêt sur le pari inverse. Avec certains outils, les collaborateurs ne sont plus tenus de s'améliorer pour les utiliser mais, au contraire, il est demandé aux collaborateurs de les utiliser pour s'améliorer. Dans ce cas, la première intention de l'outil n'est plus d'optimiser la gestion de l'entreprise, mais de faire progresser le collaborateur. Indirectement, l'apprentissage du collaborateur améliorera la situation de l'entreprise et sa gestion. Mais le parti pris initial et prioritaire de l'outil est de développer les compétences du collaborateur. Ces outils appartiennent à la catégorie des outils d'apprentissage.

Donnons des exemples d'outils de gestion et d'apprentissage de manière à bien marquer leurs différences. Considérons une boutique de vêtements indépendante qui achèterait une solution intégrée de gestion de la relation client. L'outil se présente sous la forme d'un logiciel et de cartes de fidélité à distribuer aux clients. Lorsque les clients passent en caisse pour régler leurs achats, le vendeur doit leur demander s'ils ont une carte de fidélité du magasin. Cette carte permet aux clients de cumuler des points pour, à terme, bénéficier d'une réduction. Les clients y trouvent donc un intérêt. Quant à l'entreprise, grâce à cette carte, elle pourra mieux connaître ses clients et en profiter pour les fidéliser. La promesse de cette solution est d'augmenter la qualité de service de l'entreprise et l'efficacité de ses campagnes promotionnelles. Par extension, cette solution doit améliorer le chiffre d'affaires de la boutique. Pour que l'outil fonctionne bien, il est donc demandé aux vendeurs, en caisse, de s'en servir correctement. Ils sont formés et invités à respecter la nouvelle routine promue par l'outil dans la relation qu'ils entretiennent avec les clients. Les collaborateurs s'ajustent. L'outil sert une meilleure gestion de l'entreprise. Il s'agit d'un outil de gestion.

Considérons maintenant une entreprise qui achèterait un logiciel permettant d'enregistrer les conversations de ses commerciaux, de manière à pouvoir les réentendre ensuite en formation et ainsi en tirer des leçons pour analyser les schémas de conversation. Le but principal du logiciel est de servir la progression des compétences des commerciaux. Naturellement, cette progression profitera à terme à l'entreprise qui bénéficiera d'employés plus performants. Mais l'outil est d'abord pensé au service de l'apprentissage des commerciaux. C'est donc un outil d'apprentissage.

Remarquons maintenant qu'un même outil peut être utilisé comme un outil de gestion ou d'apprentissage. En fonction de l'usage qui en est fait, il peut basculer d'une catégorie à l'autre. Prenons l'exemple du PDCA (*Plan Do Check Act*). Dans certaines entreprises, il est utilisé comme un outil de reporting. Il permet aux collaborateurs de partager les résultats qu'ils ont obtenus relativement aux objectifs qui leur ont été préalablement assignés par leurs superviseurs. Le PDCA prend alors la forme d'une méthode de présentation, structurée en quatre parties, des résultats obtenus par les collaborateurs. Les employés commencent par signaler les objectifs initiaux qui leur ont été assignés (*plan*). Ils indiquent ensuite les mesures qu'ils ont mises en œuvre (*do*). Ils reportent le niveau de performance qu'ils ont atteint (*check*). Ils concluent enfin sur l'importance de diffuser leurs mesures à l'ensemble de l'entreprise (*act*). Dans ce cas, le PDCA s'inscrit dans une logique de management que l'on qualifie souvent de management par objectifs. Il n'a absolument pas permis de faire progresser les collaborateurs. Les employés se sont simplement mis au niveau des exigences requises par l'outil pour pouvoir le remplir correctement et faire une restitution claire de leurs actions et des succès qu'ils ont obtenus. Le PDCA est ici utilisé comme un outil de gestion.

Dans d'autres entreprises, le PDCA est au contraire utilisé au service de l'amélioration des compétences des collaborateurs. Il n'est pas utilisé pour reporter des résultats, mais pour structurer l'apprentissage des employés. Dans ces entreprises, un collaborateur qui a une idée doit se saisir du PDCA pour la tester. Il lui est alors demandé de clarifier son intention (*plan*), de tester ensuite son idée sur une zone pilote (*do*), puis de mesurer honnêtement les résultats obtenus par son idée (*check*). Sans aucun égard pour le succès ou l'échec de l'idée car s'il existait une prime à la réussite des idées, les indicateurs pourraient être truqués. L'outil perdrait alors tout son sens puisqu'il ne contribuerait plus à l'apprentissage des collaborateurs. Enfin, observant les résultats générés par son idée, le collaborateur décide de la suite à lui donner (*act* ou *adjust*). Lorsque le PDCA est utilisé de cette façon, il devient un outil d'apprentissage qui permet aux employés de mieux comprendre l'environnement dans lequel ils évoluent en testant des idées et en expérimentant. La finalité de l'outil est donc de développer les compétences des collaborateurs.

Lorsque vous êtes en prise avec un outil, pour savoir si vous l'utilisez comme un outil de gestion ou d'apprentissage, nous pouvons vous suggérer une astuce valable en toutes circonstances. Demandez-vous simplement si vous essayez de vous améliorer pour tenir l'outil ou si, au contraire, c'est l'utilisation de l'outil qui vous fait vous améliorer. Dans le premier cas, vous utilisez un outil de gestion. Dans le second cas, vous êtes en présence d'un outil d'apprentissage.

Le DMC est résolument un outil d'apprentissage. En le manipulant, vous allez vous améliorer parce que vous allez capter de la lumière pour éclairer la boîte noire qui est devant chacune de vos décisions, ce qui a pour effet d'augmenter votre jugement dans l'incertain. Malheureusement, le DMC peut facilement être détourné de son objectif premier. Si vous utilisez le DMC en essayant de vous améliorer pour remplir correctement chacune des cases, reprenez-vous. Il est fort à parier que vous êtes en train de transformer le DMC en outil de gestion, ce qui n'est pas sa fonction.

La meilleure garantie pour conserver les propriétés d'apprentissage du DMC consiste alors à raccourcir les dates butoirs de l'agenda des explorations. Si le porteur de projet s'engage à réaliser ses explorations à brève échéance, le DMC va l'engager dans des boucles courtes de « *test and learn* ». En revanche, si le porteur de projet programme ses explorations au long cours, alors elles prendront la forme d'une *to-do list* dont il sera difficile de tirer des apprentissages.

C'est pourquoi, contrairement aux apparences, le planning associé aux explorations est un sujet d'importance majeure. Le sujet abordé dans la case 6 du DMC n'est pas simplement de trouver des dates en fonction des contraintes de son calendrier. Les dates limites des explorations doivent être choisies avec soin et de manière stratégique.

Elles doivent absolument être fixées dans un futur proche pour éviter les détournements dans l'usage du DMC et empêcher son glissement vers la catégorie des outils de gestion.

LA POULE ET LE COCHON

Puisque le DMC est un outil d'apprentissage, la posture du porteur de projet doit être celle de l'apprenant. Néanmoins, pour apprendre, il faut d'abord accepter l'idée de ne pas savoir. Le porteur de projet doit donc être convaincu d'être devant une boîte noire.

Contrairement aux modalités habituelles d'apprentissage, notons que l'incertain oblige le porteur de projet à un apprentissage sans professeur. Aucun expert ne sait prévoir les événements à venir. L'apprenant doit construire son propre apprentissage, de manière autonome. Les accompagnateurs du porteur de projet ne peuvent intervenir que sur la méthode (c'est ce que nous faisons avec le DMC). Par-delà cette humilité requise de la part du porteur de projet, apprendre nécessite aussi une posture d'engagement. Un apprenant ne peut pas simplement participer ou être impliqué par son apprentissage. Il doit s'y engager pleinement.

Dans les mots que nous employons ici, nous distinguons la « participation », l'« implication » et l'« engagement ». Chacun de ces mots rend compte de l'accord du porteur de projet pour apprendre avec une intensité variable. Un agent qui s'engage met dans ses projets un niveau d'intensité bien plus élevé que celui qui s'implique, ce dernier mettant plus d'intensité que celui qui participe seulement.

Pour figurer la différence entre un porteur de projet engagé par le DMC et quelqu'un qui participerait simplement à cette démarche, il est possible de faire une analogie animalière et culinaire, sous forme de plaisanterie. Pour faire une omelette aux lardons, deux animaux ont nécessairement été impliqués. Une poule et un cochon. Cependant, leur niveau de participation à la recette n'est pas le même. La poule a participé en fournissant les œufs. Le cochon a, quant à lui, sacrifié une partie de lui-même. Il s'est donc pleinement engagé dans le projet.

L'engagement est une variable complexe à travailler car, pour partie, elle renvoie aux aspirations personnelles et intimes des porteurs de projet. Toutefois, le rythme d'un projet est un paramètre capable de susciter l'engagement des parties prenantes. Vous avez certainement déjà vécu des projets qui s'étalaient sur plusieurs mois, avec des temps d'attente infinis entre deux itérations. Vous avez donc pu voir combien les rythmes lents désengagent. Pour être totalement investi sur un projet, il faut qu'il avance, de manière à pouvoir mesurer en permanence les effets produits par ses actions, avec des boucles courtes de rétroactions.

Puisque le niveau d'engagement est essentiel et qu'il dépend du rythme du projet, alors l'agenda des explorations doit être choisi avec la plus grande attention. Concrètement, plus les dates butoirs seront définies à brève échéance, plus l'engagement des parties prenantes sur le projet sera facilité.

INSTRUMENTALISER L'AGENDA EN SA FAVEUR

À partir du moment où le porteur de projet rend public la date à laquelle il réalisera ses explorations, il prend un engagement. Au moins pour lui-même. Ce qui a pour effet de l'obliger. Le choix d'une date butoir revêt donc une dimension stratégique.

Pour éclairer les sujets d'ordre stratégique et tactique, il est toujours intéressant de recourir à la théorie des jeux. Il s'agit d'une discipline scientifique à la croisée des mathématiques et des sciences économiques. John von Neumann et Oskar Morgenstern en sont les auteurs pionniers. En 1944, ces deux universitaires publient un ouvrage fondateur : *The Theory of Games and Economic Behavior*. Peu de temps après cette publication, John Nash investira ce champ académique et en sera l'un des principaux contributeurs. Si bien qu'en 1995, il deviendra récipiendaire du prix Nobel d'économie pour tous ses apports à ce domaine de la science.

Au sens large, la théorie des jeux permet de modéliser les interactions stratégiques entre les agents économiques. Ici, nous allons simplement en mobiliser les rudiments pour montrer comment un porteur de projet peut instrumentaliser le planning des explorations à son propre avantage.

Pour réussir notre démonstration, nous devons d'abord vous présenter deux notions : le dilemme du prisonnier et le concept de menace crédible. Vous pourrez ensuite percevoir facilement comment le porteur de projet peut utiliser le planning des explorations en sa faveur.

La manière la plus simple de présenter le dilemme du prisonnier consiste à raconter l'histoire de deux délinquants. Nommons-les Valérie et Thomas. Ils viennent de commettre un cambriolage et se font prendre par la police juste après leur méfait. Les policiers les mettent en examen, les installent dans deux salles différentes du commissariat de manière à ce qu'ils ne puissent plus se parler et leur expliquent quel sera leur sort en fonction de la décision qu'ils prendront. Toutes les configurations apparaissent sur le tableau suivant.

		THOMAS	
		Garder le silence	**Dénoncer**
VALÉRIE	**Garder le silence**	(1 ; 1)	(10 ; 0)
	Dénoncer	(0 ; 10)	(5 ; 5)

Tableau 1 *– Énoncé du dilemme du prisonnier*

Valérie et Thomas font face à la même alternative. Chacun d'entre eux doit décider d'une action : soit ils dénoncent leur associé, soit ils gardent le silence. Pour qu'ils puissent faire leur choix, les policiers les informent de ce que l'on pourrait appeler le « menu de peine » relatif à leurs décisions respectives.

Le tableau se lit avec les peines, exprimées en années de prison, pour Valérie à gauche du point-virgule et à droite du point virgule pour Thomas. Par exemple, si Valérie dénonce Thomas alors qu'il décide de garder le silence, alors Valérie est libre et Thomas passera dix ans en prison. En théorie des jeux, ce jeu est réputé parfaitement symétrique. Par conséquent, si Thomas dénonce Valérie pendant qu'elle garde le silence, alors Thomas sera libre et Valérie occupera ses dix prochaines années en prison. Si les deux délinquants gardent le silence, ils écopent d'un an de prison chacun. Enfin, si Valérie et Thomas se dénoncent mutuellement, alors ils seront condamnés à cinq ans de prison chacun.

Le dilemme du prisonnier est ainsi posé : Valérie et Thomas garderont-ils le silence pour minimiser la somme de leurs peines de prison respectives ? L'un d'entre eux va-t-il trahir son associé pour être libre, en espérant être le seul à avoir cette idée ? Les deux mis en examen vont-ils se dénoncer mutuellement ? La théorie des jeux apporte une réponse claire : si Valérie et Thomas sont des agents rationnels, ils choisiront de se dénoncer. Parce qu'ils y ont intérêt.

Pour le comprendre, il faut se mettre à la place de chacun d'entre eux. Mettons-nous d'abord à la place de Valérie. Quel que soit le choix de Thomas, elle a intérêt à le dénoncer. Prouvons-le : dans le cas où Thomas l'aurait dénoncée, Valérie préférera le dénoncer elle aussi pour faire cinq ans de prison plutôt que dix. Et dans le cas où Thomas aurait gardé le silence, alors Valérie sera libre au lieu de passer un an en prison. L'intérêt de Valérie, quelle que soit la décision prise par Thomas est donc de le dénoncer.

Le jeu étant parfaitement symétrique, le même raisonnement s'applique pour Thomas, qui a donc intérêt à dénoncer Valérie. Par conséquent, quelle que soit la décision de l'autre, chacun a intérêt à dénoncer son associé. C'est ce qu'on appelle une stratégie dominante, qui fait finalement tomber les deux associés dans la case où ils se dénoncent mutuellement et récoltent cinq ans de prison chacun.

Si vous avez compris les raisons qui amènent Valérie et Thomas à se dénoncer, nous pouvons maintenant discuter de la sous-optimalité de leur décision collective. La situation dans laquelle Valérie et Thomas se retrouvent après s'être dénoncés mutuellement n'est pas optimale. Ils vont en effet faire cinq ans de prison chacun alors qu'ils auraient pu se mettre d'accord pour garder le silence et faire seulement un an. La question qu'il convient de se poser est donc : comment Valérie et Thomas pourraient-ils s'y prendre pour sortir de l'équilibre sous-optimal dans lequel ils se trouvent, de manière à atteindre la situation collectivement préférable où ils garderaient tous les deux le silence ?

Face à cette question, il est habituel de croire que la confiance entre les deux associés pourrait résoudre le problème. Si Valérie et Thomas se font confiance, ils pourraient en effet décider de se taire. Mais il s'agit là d'une réponse fragile, car la confiance ne se décrète pas. Si les agents économiques ont un intérêt rationnel à la méfiance, alors le pari de la confiance devient très risqué. Empiriquement, nous observons d'ailleurs que la confiance se défait pratiquement toujours lorsque la portée d'une décision se compte en années en prison.

Pour être certain d'atteindre l'équilibre optimal, il n'existe en réalité que deux solutions robustes. La première consiste à changer le menu de peine de telle sorte que la rationalité des agents les pousse à se taire. L'une des façons de le changer peut être que chacun des associés intimide l'autre avec des représailles en cas de dénonciation. Dans ce cas, il est admis que celui des deux qui dénoncerait l'autre ne serait plus libre mais en attente de représailles, ce qui est un statut moins enviable et peut lui faire passer l'envie de dénoncer son associé. Exprimée en termes économiques, cette première solution consiste à modifier les conséquences de chaque décision pour rehausser l'intérêt de garder le silence. Notons que les deux délinquants ne garderont ensemble le silence qu'à la seule condition que les intimidations soient réciproques et proportionnées.

La deuxième solution robuste est celle qui nous intéresse le plus : elle consiste à montrer à l'associé, en amont du délit, qu'il lui sera matériellement impossible de le dénoncer dans le cas où ils seraient capturé par la police à la sortie du cambriolage. Si Valérie et Thomas se lient les mains en amont de la commission du délit et rendent ainsi impossible la dénonciation *ex post*, alors il devient certain qu'ils garderont le silence. Non pas parce qu'ils y ont intérêt, mais parce qu'ils n'ont pas la possibilité de faire autrement.

L'action qui consiste à se lier les mains en amont de la commission des faits est ce qu'on appelle une menace crédible en théorie des jeux. Ce concept est intéressant car il a une portée allant bien au-delà du cas précis des deux délinquants que nous venons de développer. Il peut être actionné dans toutes les situations où vous attendez des autres qu'ils agissent dans un sens donné. Lorsque vous espérez de quelqu'un qu'il fasse quelque chose, vous pouvez d'abord miser sur la confiance. Mais ce pari risque d'être perdant si l'agent de qui vous espérez une action n'a rationnellement pas intérêt à aller dans votre sens. Vous pouvez également transformer les incitations (le menu de peine) et faire en sorte qu'il ait dorénavant un intérêt à aller dans le sens que vous souhaitez. Ou vous pouvez enfin mettre en place un environnement tel qu'il ne puisse pas faire autrement que d'aller dans votre sens. Cette dernière solution renvoie au fait d'actionner une menace crédible.

Imaginez, vous êtes professeur et attendez de vos étudiants qu'ils soient à l'heure. Vous pouvez miser sur la confiance. Nos quelques années d'expérience nous laissent comme un léger doute sur le fait que cette solution produira les effets escomptés. Vous pouvez changer le menu de peine en enlevant par exemple des points aux étudiants en retard. Ou vous pouvez actionner une menace crédible qui consisterait à fermer la porte après une certaine heure.

La menace crédible n'est pas toujours actionnée pour les autres. Elle peut être exercée pour soi-même. Elle est d'ailleurs une parade efficace pour éviter de compter éternellement sur sa motivation pour réussir à tenir ses objectifs. Considérez par exemple un professionnel qui aurait envie de réduire le délai de traitement de ses mails. Supposons qu'il réponde en moyenne à ses messages en cinq jours. Il souhaite faire tomber ce temps à trois jours. Il peut compter sur sa motivation. Deux semaines plus tard, il est fort à parier que le délai moyen de traitement de ses mails sera effectivement tombé à trois jours, car le pari de la motivation est souvent tenu à brève échéance. Mais la motivation a ce défaut de vite retomber, comme un soufflé. Six mois après avoir commencé, alors même que le professionnel n'a misé que sur sa motivation et n'a rien changé à sa façon de travailler, il est fort probable que le délai de traitement de ses messages repassera à cinq jours. Une solution pour le professionnel consiste alors à choisir d'exercer une menace crédible contre lui-même dès le départ. Il peut par exemple décider de télécharger un logiciel *ad hoc* qui viendrait effacer tous ses mails trois jours après leur apparition dans sa messagerie. Sans exception relative à la personne qui enverrait le mail. Car la menace est crédible ou ne l'est pas. Elle ne peut pas être à moitié ou partiellement crédible. Ce logiciel *ad hoc* deviendrait une garantie de voir changer ce professionnel, qui n'aurait désormais d'autres choix que de maintenir un délai de traitement de ses mails inférieur à trois jours.

Si vous avez compris ce dernier exemple, alors vous avez compris comment le porteur de projet peut tirer profit de son agenda des explorations pour s'offrir une chance supplémentaire d'utiliser correctement le DMC. Les explorations prennent la forme de petites actions frugales et rapides à exécuter. Elles peuvent donc être réalisées dans un délai extrêmement court. Pour éviter de transformer le DMC en outil de gestion et garantir un degré d'engagement élevé du porteur de projet, ces explorations doivent donc être réalisées à brève échéance. Sachant qu'il doit définir des dates butoirs, le porteur de projet a deux possibilités : soit il fixe une date qu'il est certain de tenir pour s'assurer de ne pas la dépasser, soit il exerce une menace crédible pour lui-même en déclarant une date délibérément plus proche que celle qu'il aurait été raisonnable d'annoncer pour s'obliger à utiliser le DMC dans le sens souhaité. Nous recommandons aux porteurs de projet dans l'incertain d'adopter cette seconde solution. Nous pensons en effet qu'ils ont intérêt à instrumentaliser l'agenda des explorations en fixant des dates butoirs délibérément proches, de manière à créer une incitation au bon usage du DMC, plutôt que de compter sur leur seule motivation à utiliser correctement l'outil.

Mise en pratique

Rendez-vous sur la case « Agenda » de l'outil :

- inscrivez une date limite pour chacune des actions d'exploration à réaliser. Vous devrez avoir terminé vos actions d'exploration aux dates qui leur sont associées ;
- assurez-vous que les dates choisies n'ont pas été déterminées à partir d'une analyse de vos disponibilités sur les prochaines semaines. Ces dates doivent être fixées sur un délai relativement court pour vous obliger à réaliser vos explorations à court terme ;
- après avoir déterminé l'ensemble des dates limites, demandez-vous : vais-je devoir fournir davantage d'efforts pour réussir à respecter ces dates limites ? Si votre réponse est « oui », il est fort à parier que vous ayez choisi des dates suffisamment rapprochées pour maintenir un niveau d'implication satisfaisant sur votre projet ;
- posez-vous ensuite une seconde question : le fait de respecter ces dates limites va-t-il me permettre de m'améliorer ? Si vous répondez « non » à cette question, alors il est probable que vous soyez en train d'utiliser le DMC comme un outil de gestion. En revanche, si vous répondez « oui », vous utilisez vraisemblablement le DMC comme un outil d'apprentissage, ce qui est le meilleur usage que vous puissiez en faire.

SUITE DU CAS

Dans les cases précédentes du DMC appliqué à notre propre projet, nous avons clarifié les objectifs de notre projet, nos valeurs, nos certitudes, nos angles morts, nos explorations, nos attentes sur nos explorations et nos métriques.

La case 6 du DMC nous demande de fixer l'agenda de nos explorations. Nous décidons alors de réaliser la première exploration avant « mardi prochain » et de réaliser la seconde exploration avant « mercredi prochain ».

Notons que la manière dont les dates butoirs sont exprimées sous-entend qu'elles interviendront inévitablement dans moins de sept jours. Ce délai paraît raisonnable pour conduire une étude approfondie des plateformes de contenus et contacter Maxime. Le temps imparti pour réaliser nos explorations nous laisse également à penser que nous utilisons bien le DMC comme un outil d'apprentissage et non comme un outil de gestion. Ajoutons que ces délais nous permettent de rester pleinement engagés sur le projet.

Indiquons enfin que nous aurions pu fixer des dates limites plus éloignées pour nous laisser une marge et être certains de pouvoir tenir les délais. Mais nous voulions absolument nous mettre dans une situation telle qu'il nous serait impossible de détourner le DMC de son sens premier. En choisissant ces dates, nous avons voulu exercer pour nous-même une menace crédible, de manière à nous offrir une chance supplémentaire d'utiliser correctement le DMC.

ENTRE LA CASE 6 ET 7 DU DMC

Le DMC impose trois temps distincts à celui qui le manipule. Le premier temps correspond au remplissage de la partie gauche de l'avion. C'est le temps de clarification des intentions du porteur de projet. Lorsqu'il ouvre le DMC et commence à remplir les six premières cases, le porteur doit exprimer les objectifs initiaux de son projet et les valeurs associées, ses certitudes, ses angles morts, les explorations qu'il envisage de réaliser pour faire progresser son projet, les attentes qu'il exprime à l'égard de ces explorations, la manière dont il prévoit d'évaluer si ses attentes seront satisfaites et l'agenda associé.

Après avoir rempli la partie gauche de l'avion, le deuxième temps est celui de l'action. Par conséquent, à ce stade de l'ouvrage, entre la case 6 et 7 du DMC, le porteur de projet doit concrètement aller réaliser ses explorations conformément à l'agenda qu'il s'est lui-même proposé.

C'est uniquement après avoir réalisé ses explorations que le porteur de projet revient sur le DMC pour entamer le troisième temps dans la manipulation de l'outil. Ce troisième temps est celui de l'examen critique et de la décision finale. En remplissant la partie droite de l'avion, le porteur de projet pourra prendre des décisions intelligentes par rapport à son projet.

Apprentissage sur les certitudes

Executive summary

- **Dans un environnement imprévisible, les certitudes initiales d'un porteur de projet sont fréquemment remises en cause au cours de ses explorations**, à mesure que le projet avance. Trois raisons peuvent être avancées pour expliquer ce phénomène :
  - la survenance d'événements inattendus génère souvent des situations contre-intuitives qui viennent, par construction, mettre en doute ce qui apparaissait au départ comme des évidences ;
  - dans l'incertain, les porteurs de projet ont tendance à confondre créativité et imagination. Lorsqu'ils tentent d'anticiper le futur, ils se projettent dans un monde illusoire qui n'existe pas ;
  - un certain nombre de praticiens observent le monde avec des modèles mentaux hérités du monde du risque (*et non de l'incertain*). Leurs schémas de pensée obsolètes les amènent à exprimer des certitudes là où il n'y en a plus.
- **Puisque ces erreurs sont régulièrement commises**, les porteurs de projet doivent sans cesse reconsidérer leurs certitudes et accepter l'idée de s'être trompé initialement.

L'incertain secoue les projets en les confrontant à une série d'événements imprévus qui réinterrogent sans cesse leurs directions. En cours de projet, les porteurs doivent donc réorienter leurs actions. Ces pivots permanents les obligent à acquérir continûment de nouvelles compétences pour réussir à exécuter les actions suggérées par la modification des objectifs poursuivis. Dans ce contexte, la compétence maîtresse n'est plus la détention d'un jeu de connaissances en particulier mais l'aptitude à renouveler rapidement ses savoir-faire.

ADOPTER LA BONNE POSTURE POUR APPRENDRE À APPRENDRE

Dans un univers chamboulé de toutes parts, la capacité à apprendre vite est devenue une qualité salutaire. Malheureusement cette compétence n'est pas la plus répandue chez les praticiens et ce, pour deux raisons. La première tient au fait qu'une partie de la population active a réussi à vivre jusqu'ici une vie professionnelle épanouie sans avoir besoin de renouveler en profondeur ses compétences. La direction de l'éducation et des compétences de l'OCDE publie tous les ans des études particulièrement détaillées sur les compétences des populations de ses pays membres. Elle montre qu'en 1987 la durée de vie d'une compétence était de trente ans. Les professionnels aujourd'hui les plus expérimentés ont donc réussi à faire carrière sans éprouver le besoin d'apprendre à apprendre. Depuis plus de trente ans, ils exploitent le socle de savoirs qu'ils ont acquis pendant leur scolarité et le subliment par l'expérience. Exiger d'eux qu'ils apprennent à apprendre pourrait légitimement leur sembler inapproprié. Le problème se pose toutefois car la durée de vie de certaines compétences (en particulier des compétences techniques) est aujourd'hui tombée à dix-huit mois, toujours selon l'OCDE. Dans un contexte d'obsolescence accélérée des savoirs, apprendre à apprendre devient une qualité primordiale.

La seconde raison pour laquelle les professionnels ne sont pas forcément à l'aise avec le fait d'apprendre à apprendre est imputable au manque manifeste de supports à leur disposition sur ce sujet. Il existe en effet peu de formations pour apprendre à apprendre, que ce soit en formation initiale pour les jeunes générations ou continue pour les professionnels en poste. Le présent ouvrage n'a pas vocation à disséquer la littérature en sciences de l'éducation pour recenser les méthodes les plus efficaces pour acquérir rapidement de nouvelles connaissances. Toutefois, nous pouvons dire qu'apprendre nécessite avant tout de développer une posture d'humilité intellectuelle. Celui qui souhaite apprendre doit d'abord commencer par accepter l'idée de ne pas savoir.

Dans la partie droite du DMC qui débute avec cette case 7, le porteur de projet va alors devoir tirer des leçons sur ses explorations et accepter d'apprendre sur l'environnement de son projet. Il doit commencer par comprendre que l'incertain le place dans un flou total et qu'au début du projet il est normal qu'il ne sache pas en caractériser le biotope. Par conséquent, les certitudes qu'il a initialement prononcées, au démarrage du projet, sont susceptibles de se révéler totalement fausses après quelques explorations.

Si le porteur de projet exprime des difficultés à développer cette posture d'ouverture et d'humilité intellectuelle, alors il nous revient de lui expliquer pourquoi les certitudes initiales sur un projet dans l'incertain se trouvent être régulièrement fausses. Savoir que les convictions originelles sur un projet sont rarement vérifiées dans un univers incertain l'aidera certainement à accepter ses propres erreurs de jugement.

L'INCERTAIN, POURVOYEUR DE CONTRE-INTUITIONS

L'incertain se définit par une impossibilité structurelle à prévoir les événements susceptibles de surgir à plus ou moins brève échéance. Pour croire en l'existence de cette imprévisibilité, il faut qu'elle se manifeste. Régulièrement ou au moins quelques fois. Mais elle doit se signaler pour que l'on puisse croire en son existence. Un environnement réputé incertain doit donc montrer à ceux qui le pratiquent qu'il est capable de surprises, d'aléas, de ruptures saisissantes.

Le monde numérique dans lequel évolue une grande partie des entreprises apporte régulièrement la preuve de son caractère incertain. Il fait survenir fréquemment des phénomènes inattendus. Donnons un exemple. Au début de son aventure, Mark Zuckerberg, le fondateur de Facebook, comprend que son modèle économique va directement dépendre du nombre d'utilisateurs de sa plateforme. L'entreprise américaine vend alors aux entreprises des espaces publicitaires personnalisés en monétisant l'accès aux données des personnes inscrites sur son application. Son revenu est donc proportionnel au nombre de ses utilisateurs. Compte tenu de cette caractéristique, très tôt, l'ambition de Facebook est d'acquérir une large audience. Habituellement, les entrepreneurs confrontés à ce genre de problème décident de rendre leur produit disponible au plus grand nombre. Autrement dit, ils ouvrent leur plateforme au maximum d'internautes dans l'espoir d'en accueillir le plus possible, surtout quand le produit est gratuit pour les consommateurs. L'enjeu est d'élargir leur audience. Pourtant, Mark Zuckerberg décide de faire exactement l'inverse. Au départ, il refuse les inscriptions des internautes n'ayant pas d'adresse mail se finissant par « .edu » : seuls les étudiants inscrits dans une université américaine disposent d'une telle adresse. Si vous ne suiviez pas de cours dans une faculté aux États-Unis, vous ne pouviez donc pas entrer sur Facebook. En faisant ce choix, Mark Zuckerberg a découvert une contre-intuition : plus vous fermez un dispositif, plus il est susceptible d'attirer un grand nombre de clients.

La première fois que l'on prend connaissance de cette technique d'amorçage d'une plateforme, elle paraît paradoxale. Fermer un dispositif pour lui offrir davantage d'audience semble antithétique. Pour dénouer cette contre-intuition et lui offrir une explication, il faut revenir sur l'une des propriétés de l'économie numérique. La variable la plus recherchée par les entreprises sur Internet est l'attention des utilisateurs. Or, le sentiment de rareté et d'exclusivité excite précisément cette attention. Pour les personnes exclues de la plateforme, entendre parler d'un service sans avoir le droit d'y accéder crée une frustration de laquelle elles veulent vite sortir. Quant aux rares internautes autorisés à utiliser le service proposé, ils éprouvent un sentiment d'exclusivité qui augmente leur intérêt pour la plateforme. En restreignant l'accès de la plateforme à quelques privilégiés, l'entrepreneur génère de l'attention, ce qui est à la fois primordial et difficile à réaliser dans un système d'économie de l'attention. Ensuite, l'entrepreneur n'a plus qu'à transformer cette attention en audience en relâchant progressivement les contraintes d'accès, de manière à éviter de transformer les frustrations en lassitude. Après avoir touché et acquis les étudiants américains, Mark Zuckerberg a donc déployé son dispositif auprès d'autres catégories spécifiques de la population, jusqu'à ouvrir Facebook dans un second temps au monde entier et connaître un succès international.

Notons que l'amorçage de la plateforme Veepee s'est opéré de la même façon. Au début des années 2000, la notoriété de l'entreprise (qui s'appelait à l'époque Vente-privée.com) était sans commune mesure avec le petit nombre de personnes qui pouvaient bénéficier de son service de déstockage. Ayant connaissance des réductions extraordinaires proposées par le site, tout le monde espérait recevoir un mail de Cécile de Rostand lui donnant l'autorisation d'entrer sur la plateforme. Pour ceux d'entre vous qui avez connu cette frustration, sachez que Cécile de Rostand n'était d'ailleurs qu'un pseudonyme. Cette personne n'existait pas réellement. Elle incarnait le service client de Vente-privée.com qui, à l'instar de Facebook, créait artificiellement une pénurie d'accès à la plateforme pour augmenter sa valeur perçue auprès des internautes. Grâce à cette technique de fermeture puis d'ouverture progressive de la plateforme, le site réussira à attirer une large clientèle qui se compte aujourd'hui en millions d'utilisateurs à travers le monde.

Si nous avions conduit un projet numérique impliquant une plateforme au début des années 2000, nous aurions probablement exprimé la certitude de devoir ouvrir notre site Internet au plus grand nombre pour élargir notre audience. Mais l'économie numérique est un univers incertain qui nous a tous déconcertés dans sa manière de fonctionner. Il nous a appris que les règles habituelles des affaires pouvaient être totalement renversées. Surgissent en effet avec Internet de nouvelles règles contre-intuitives. Ce qui aurait eu pour effet concret de remettre en cause notre certitude initiale.

Par-delà le numérique, l'incertain en général charrie avec lui des bouleversements sectoriels et organisationnels capables de rendre caduc un grand nombre de grilles de lecture, de doctrines et de paradigmes. Ces transformations observées sur tous les marchés sont pourvoyeuses d'effets contre-intuitifs, de situations singulières et donc de paradoxes. La conséquence pour les porteurs de projet est simple : toutes les certitudes qu'ils peuvent exprimer en début de projet seront probablement invalidées par la survenance d'événements imprévisibles. Dans l'incertain, ce qui apparaît initialement comme une évidence n'en est donc jamais une à coup sûr.

LA CRÉATIVITÉ CONTRE L'IMAGINATION

En première lecture, les notions de créativité et d'imagination semblent proches. Certainement parce que la créativité et l'imagination renvoient au même principe de création de quelque chose d'original, d'encore jamais vu, d'inédit. Être créatif, c'est utiliser son intelligence pour créer une solution à un problème donné. Avoir de l'imagination, c'est mobiliser son esprit pour créer un univers qui n'existe pas. Dans les deux cas, l'idée de créer quelque chose de nouveau est présente.

Pourtant, à y regarder de plus près, une différence majeure éloigne ces deux notions l'une de l'autre : le caractère enraciné de la créativité par rapport à l'imagination. La créativité repose sur une représentation réaliste du problème abordé, alors que l'imagination n'est arrimée à rien. C'est une réflexion hors-sol.

Pour illustrer la différence entre créativité et imagination, prenons un exemple issu du monde des start-up et de la restauration. Il y a quelques années, dans les restaurants parisiens, sont apparues les premières tablettes connectées permettant aux serveurs de prendre les commandes de leurs clients. Le papier était remplacé par le numérique. La promesse de cette solution technique était, en théorie, formidable pour les restaurateurs : elle devait permettre de réduire les déplacements des serveurs vers la cuisine et d'augmenter leur productivité. Les tablettes devaient aussi permettre de fiabiliser la saisie des informations et d'éviter les erreurs dans la facturation. Les informations sur la consommation des clients pouvant être désormais mémorisées, le dispositif devait également accroître la visibilité du restaurateur sur les caractéristiques de sa demande, ce qui l'autorisait ensuite à gérer ses stocks au plus juste. Cet outil de dématérialisation de la prise de commande visait donc plusieurs dimensions de la performance des restaurants. Sur le papier (pour faire un jeu de mots), ce genre de dispositif était donc parfait. Les start-up qui le produisaient n'eurent aucun mal à construire un argumentaire commercial convaincant. Elles en ont vendu beaucoup.

Après avoir acheté ces tablettes, les restaurants les ont naturellement utilisées et c'est à ce moment précis que les problèmes sont apparus. La phase d'expérimentation du dispositif s'est avérée décevante pour plus d'un restaurateur.

En effet, lorsqu'un client exprimait une demande spécifique, le logiciel était toujours pris à défaut. Par exemple, le serveur ne pouvait pas indiquer sur sa tablette que le client désirait retirer l'origan de sa pizza reine. Il en était réduit à refuser cette demande particulière (*et pourtant légitime*) du client ou à mettre en œuvre ce l'on appelle couramment dans les organisations... la procédure dégradée. Autrement dit, la procédure qui n'a pas été prévue par le système d'information. Le serveur allait alors directement en cuisine et les problèmes s'accumulaient. Car les procédures dégradées sont, par définition, celles qui sont supposées n'arriver que rarement. Personne ne les maîtrise et lorsqu'il faut les actionner, les non-qualités et les non-conformités sont légion.

Si nous avons souhaité vous restituer ce cas autour des tablettes, c'est précisément pour vous faire ressentir la différence entre créativité et imagination. Les start-up qui ont conçu les tablettes ont fait preuve d'imagination mais pas de créativité. Elles ont d'abord imaginé le processus permettant de délivrer de bout en bout un repas à un client dans un restaurant et se sont dit qu'elles allaient utiliser l'informatique pour l'automatiser. Or, l'informatique ne relève pas de la magie. Un logiciel n'est rien d'autre qu'une suite de 1 et de 0 qui vient simplement automatiser le processus tel qu'il a été défini. Les start-up ont donc dû formaliser le parcours type d'un client dans un restaurant et elles l'ont posé en cinq étapes successives. D'abord, le client arrive dans le restaurant. Ensuite, il commande un plat. Puis, il mange. Après, il paye. Enfin, il s'en va. Malheureusement (ou heureusement), dans les faits, le parcours client est bien plus complexe. Les clients viennent, mais attendent parfois leurs amis et les commandes sont différées. Les clients peuvent vouloir ajouter ou enlever des garnitures dans certains plats. Les clients demandent l'addition, mais changent d'avis et souhaitent reprendre un café avant de partir. Il existe une infinité d'exceptions possibles dans le processus type d'un restaurant. Être créatif, c'est prendre en considération ces exceptions. Faire preuve d'imagination, c'est les négliger.

La créativité n'est donc pas un exercice de réflexion hors-sol. À ce titre, elle se distingue de l'imagination. Les ressorts pour être créatif sont très différents de ceux qui sont mobilisés pour faire preuve d'imagination car la créativité doit être nécessairement enracinée, ancrée, arrimée à la réalité des situations, alors que l'imagination est un exercice sans rapport avec le réel.

Lorsque le porteur de projet est conscient du caractère imprévisible des événements dans un univers incertain, il peut avoir tendance à quitter le domaine de la créativité pour investir le champ de l'imagination. Or, ce mouvement dessert le projet car les partis pris initiaux du projet (ce que le porteur de projet a pu considérer à tort comme des certitudes dans la case 2 du DMC) étaient en fait de nature irréelle.

L'EFFET D'OCCULTATION

Les erreurs de jugement concernant les certitudes exprimées par les porteurs au début de leur aventure peuvent parfois s'expliquer par une forme de refus de voir les nouvelles propriétés de l'environnement qui entoure leurs projets. Certains porteurs pensent en effet que leurs projets ne sont pas atteints par l'incertitude. Ils considèrent que les événements restent prévisibles et continuent à utiliser des outils comme les *business plans* pour fonder leurs décisions à partir de projections et d'hypothèses posées sur le futur.

Les propos généraux peuvent toujours trouver des contre-exemples. Il existe donc certainement encore quelques poches économiques préservées par l'incertain. Mais il est convenu que l'incertitude est désormais pratiquement partout. Lorsqu'un porteur de projet se sent protégé, il y a de fortes raisons de croire qu'il se trompe. Il est hautement probable qu'il soit simplement victime de l'effet d'occultation.

L'effet d'occultation peut se définir comme une situation dans laquelle un agent tombe lorsqu'il ne voit pas, sans le savoir, la situation telle qu'elle est. Les raisons de cet aveuglement peuvent être multiples. Ici, il s'agit certainement d'une cécité involontaire. Rappelons que les agents n'ont pas d'outils pour décider dans l'incertain (nous essayons de combler modestement ce manque avec le DMC). Ils ne disposent pas non plus de modèles mentaux utiles pour affronter l'incertitude. Il est donc assez logique d'observer qu'ils continuent d'utiliser les outils et les modèles mentaux en vigueur dans le monde du risque.

Le problème devient alors manifeste. En mobilisant des routines intellectuelles et des outils hérités du monde du risque, les porteurs de projet dans l'incertain ne sont pas correctement équipés. Or, comme le soulignait Abraham Maslow, professeur d'université en psychologie et dont les études pionnières sur le comportement des individus continuent à faire référence dans le monde des entreprises : « Si le seul outil que vous possédez est un marteau, vous avez tendance à voir tous les problèmes comme des clous. » Pour éviter l'effet d'occultation, il devient dès lors urgent de donner aux professionnels les bons outils, intellectuels et pratiques, pour affronter l'incertain.

Donnons un exemple d'effet d'occultation pour illustrer le genre de catastrophes auxquelles il peut conduire. Dans le cadre d'une stratégie ambitieuse visant l'excellence dans la satisfaction de ses clients, une start-up décide de piloter son activité en considérant comme unique indicateur de sa performance la moyenne des notes postées par ses clients sur les différents *stores* où son application est téléchargeable (Apple Store et Google Play). Pendant plusieurs mois, l'entreprise observe avec joie que sa note augmente tendanciellement. Elle en conclut logiquement que sa performance augmente… à tort. Son choix d'indicateur l'expose en réalité à un effet d'occultation. Ce que l'entreprise ne voit pas, c'est qu'elle crée de plus en plus de clients mécontents, bien que ces clients insatisfaits quittent l'application. Seuls les clients satisfaits restent sur l'application, ce qui a mécaniquement pour effet de faire monter l'évaluation moyenne de l'entreprise sur les *stores*.

L'effet d'occultation trouve souvent sa source dans une forme de désalignement entre une situation et les outils dont disposent ceux qui sont chargés de l'évaluer. Dans la case 7 du DMC, nous invitons donc les porteurs de projet à questionner leurs certitudes en prenant surtout soin de ne pas recourir aux raisonnements et aux outils hérités du monde du risque.

RÉVISER SES CERTITUDES

Pour que la case 7 soit correctement remplie, il faut donc que les porteurs acceptent l'idée qu'ils puissent s'être initialement trompés en formulant leurs premières certitudes sur le projet. Contrairement à ce que l'on pourrait intuitivement penser, le pari selon lequel les agents économiques accepteront de se dédire n'est pas très risqué. C'est d'ailleurs la raison pour laquelle nous avons fait le choix de construire cette case dans le DMC. La littérature scientifique nous apprend que les agents acceptent facilement d'avoir eu tort lorsque les faits (c'est-à-dire les explorations du DMC) leur en apportent la preuve.

À ce sujet, faisons simplement mention des travaux des économistes Jean-Marc Tallon et Jean-Christophe Vergnaud. Dans un article paru dans la *Revue française d'économie* en 2007, ils montrent que les personnes victimes d'une inondation sont plus à même de souscrire une assurance sinistre juste après le dégât des eaux (Tallon et Vergnaud, 2007). L'expérience passée influence ainsi considérablement le comportement et la perception des agents lorsqu'ils font face à l'incertain. Ils révisent facilement leurs croyances.

De plus, les croyances d'un porteur de projet se fondent inévitablement sur les leçons qu'il a pu tirer de ses expériences antérieures et de l'observation de situations analogues dans le passé. Partant de ce postulat, le DMC invite les porteurs de projet à se créer de nouvelles expériences dans le nouvel environnement qui les entoure. C'est tout l'intérêt des explorations qui ont été réalisées entre la case 6 et la case 7. L'une de leurs vertus est de permettre aux porteurs de projet d'expérimenter des idées originales pour récolter des observations surprenantes à partir desquelles ils développeront de nouvelles opinions et abandonneront leurs anciennes croyances.

Mise en pratique

Rendez-vous sur la case « Apprentissage sur les certitudes » de l'outil.
Les explorations que vous avez réalisées à l'étape précédente ont normalement produit quatre types d'effet sur les certitudes que vous avez initialement formulées au démarrage de votre projet. Ces explorations sont venues confirmer, remettre en cause ou infirmer vos certitudes. Elles vous ont également apporté des certitudes inédites, indépendantes de celles initialement formulées.
Dans la case 7 du DMC, il convient simplement de décrire le contenu de vos nouvelles certitudes, en reprenant celles qui n'ont pas été affectées par vos explorations, en reformulant celles qui n'ont été que partiellement modifiées, en supprimant celles qui ont été infirmées et en décrivant celles qui sont apparues au cours de vos explorations. Pour remplir facilement cette case, vous pouvez procéder de manière séquentielle :
- attachez-vous d'abord à énoncer les certitudes initialement formulées sur votre projet dont la particularité est d'avoir été confirmées par vos explorations. Puisque vos certitudes initiales ont été décrites dans la case 2 du DMC, il vous suffit de les reprendre une à une et de réécrire à l'identique celles qui ont été confortées par vos explorations ;
- reformulez les certitudes initiales qui ont été partiellement transformées par vos explorations. L'idée est ici de les réécrire à la marge pour les rendre plus conformes à ce que vous pensez désormais, après avoir effectué vos explorations ;
- décrivez les certitudes que vous avez nouvellement acquises au cours de vos explorations, c'est-à-dire celles qui sont totalement indépendantes des certitudes initialement formulées sur votre projet ;
- pour finir, vérifiez bien que vous n'avez pas réécrit les certitudes initiales qui ont été totalement invalidées par vos explorations. Elles ne doivent plus apparaître dans la partie droite du DMC.

SUITE DU CAS

Pour rappel, nous avons fini de remplir la partie gauche du DMC appliqué à notre propre projet. Nous avons donc déjà clarifié les objectifs de notre projet, nos valeurs, nos certitudes, nos angles morts, nos explorations, nos attentes sur nos explorations, nos métriques sur nos attentes et l'agenda des explorations. Puis, nous avons réalisé nos explorations. Elles ont consisté à « faire un examen des plateformes de contenu à destination des professionnels » et à « contacter Maxime ».

Désormais, nous revenons sur le DMC pour remplir la partie droite de l'outil. La case 7 nous demande si nos explorations ont infirmé ou confirmé nos certitudes initiales. Notons qu'au démarrage du projet, nous avions deux certitudes. D'abord, nous étions persuadés que « le thème de nos vidéos susciterait un intérêt de la part des professionnels ». Ensuite, nous étions convaincus de disposer d'un « budget fixe, sans dépassement possible ».

Nos explorations nous ont permis de remettre en cause notre certitude relative à l'intérêt que nous pensions susciter auprès des professionnels avec des vidéos sur le thème de l'incertain. En auditant les plateformes YouTube, Coursera et LinkedIn, nous nous sommes aperçus que les vidéos sur l'incertain récoltaient des audiences médiocres. Nous doutons donc désormais de l'attrait des professionnels pour les vidéos sur l'incertain.

Les discussions avec Maxime nous ont permis de comprendre que le manque d'audience des vidéos sur l'incertain n'était pas forcément imputable au thème abordé mais au format proposé. Les professionnels ne regarderaient pas les vidéos sur l'incertain car elles leur proposent un simple panorama des théories existantes duquel ils ne peuvent pas tirer grand-chose pour leur prise de décision au quotidien. Sur le thème de l'incertain, ils préféreraient sans doute avoir accès à des contenus clé en main leur permettant de mettre la théorie en pratique facilement. Autrement dit, le thème de l'incertain resterait pertinent mais le format vidéo ne serait pas le plus adapté.

Notons que nos explorations n'ont ni infirmé, ni confirmé notre certitude sur notre budget. Nous savons qu'il restera fixe puisque nos explorations ne nous ont rien appris à ce sujet.

Finalement, nos explorations nous ont permis de revoir l'une de nos certitudes initiales. Nous avions sans doute été trop dans l'imagination et pas assez dans la créativité lorsque nous imaginions intéresser les professionnels avec de simples vidéos sur l'incertain. Pourtant, nous continuons de penser que l'incertain reste au cœur de leurs préoccupations, dans leur vie professionnelle. Il y a donc là une forme de paradoxe surprenant dont nous prenons conscience avec humilité pour réviser nos croyances initiales.

Apprentissage sur les angles morts

Executive summary

- **Dans l'incertain, un porteur de projet doit comprendre comment ses explorations sont parvenues à éclaircir les zones d'ombre** qu'il avait initialement identifiées sur son projet et regarder si ses explorations lui ont permis de recueillir des savoirs nouveaux auxquels il a accédé involontairement, sans le vouloir.
- **Les explorations font souvent émerger des informations surprenantes, capables de changer le regard du porteur sur son propre projet**. Pour stimuler l'apparition de ce genre d'informations déroutantes, il doit être particulièrement attentif à tous les « cygnes noirs » qu'il aurait pu croiser au cours de ses explorations – donc développer une posture lui permettant de percevoir les signaux faibles autour de son projet – et adopter un mode de réflexion lui permettant d'être à l'affût des événements qui n'ont pas la plus grande probabilité de survenance.

À plusieurs reprises depuis le début de l'ouvrage, nous avons recouru à la métaphore de la boîte noire pour caractériser les propriétés de l'incertain. Nous considérons qu'un porteur de projet dans un environnement empreint d'incertitude se retrouve dans une situation analogue à celle d'un individu qui tenterait de se déplacer dans un milieu totalement obscur. Sans aucune visibilité.

Cette comparaison nous semble efficace pour traduire les attributs de l'incertain car elle retranscrit deux idées. D'abord, elle permet de signaler que les événements à venir sont imprévisibles. Ensuite, elle invite les porteurs de projet à tâtonner, c'est-à-dire à entreprendre des actions pour tenter de découvrir les obstacles qui pourraient se hisser devant eux.

Si nous devions prolonger cette métaphore, nous dirions que la case 8 du DMC est certainement la case « interrupteur ». Elle permet d'éclairer la partie de la boîte noire qui se situe devant le porteur de projet. Loin d'apporter de la lumière dans toute la pièce, elle permet toutefois de mieux lire l'environnement dans lequel évolue le projet.

RÉINTERROGER LES ANGLES MORTS

Concrètement, la case 8 du DMC invite le porteur de projet à tirer des enseignements de ses explorations pour réinterroger les angles morts de son projet.

Rappelons qu'une partie des explorations décidées par le porteur en début de projet a été choisie pour réduire les angles morts initialement identifiés. Une fois réalisées, ces explorations doivent donc permettre au porteur de projet de récolter les informations qu'il en attendait. Si nous nous référons à la mécanique du DMC, les angles morts énumérés dans la case 3 doivent trouver une réponse dans la case 8 de l'outil. Exprimons cette idée en utilisant le champ sémantique de Donald Rumsfeld et disons que les explorations doivent conduire le porteur à transformer les « inconnues connues » de son projet en informations fiables à partir desquelles il pourra avancer.

Pour autant, les explorations ne se contentent pas de combler les zones d'ombre conscientisées au démarrage du projet par le porteur. La plupart du temps, pour parler en économiste, les explorations présentent des « externalités positives ». Elles permettent d'obtenir des informations particulièrement utiles qui n'étaient pas intentionnellement recherchées par le porteur de projet. Grâce à ses explorations, le porteur accède donc, par hasard, à une série de nouveaux savoirs dont il n'avait pas connaissance initialement, mais dont il peut se servir pour faire progresser son projet. Autrement dit, le porteur de projet réduit d'autres angles morts dont il n'avait pas conscience au départ.

LES CYGNES NOIRS

Les porteurs de projet montrent des facilités à tirer les bons enseignements des explorations qui visaient à réduire les angles morts initialement identifiés. En revanche, profiter de leurs explorations pour recueillir des informations nouvelles qu'ils n'allaient pas chercher est un exercice bien plus délicat. Pour y parvenir, les porteurs de projet doivent s'obliger à être attentifs aux « cygnes noirs » qui sont possiblement devant eux.

Le concept de cygne noir a été défini par Nassim Taleb dans un livre éponyme publié en 2007. Professeur à l'université de New York, statisticien et ancien trader, il explique ainsi qu'un cygne noir est un événement qui répond à trois critères (Taleb, 2007). Premièrement, il s'agit d'un événement extrêmement peu probable. Deuxièmement, l'événement doit être renversant lorsqu'il se produit, c'est-à-dire que sa survenance doit changer la donne pour tout le monde et en tous lieux. Troisièmement, il faut que l'événement conduise les commentateurs à opérer une rationalisation rétrospective. Ce troisième critère signifie qu'après que l'événement se soit produit, les individus réécrivent l'histoire en indiquant qu'ils savaient que l'événement allait se produire, alors même qu'ils ne le pouvaient pas car la probabilité d'occurrence de l'événement était très faible au départ.

L'origine du terme cygne noir est également intéressante à discuter, notamment parce qu'elle permet de mieux comprendre sa définition.

Comme tout le monde, vous pensez très certainement que tous les cygnes sont blancs, parce que vous n'en avez jamais vu de noirs. Pourtant, sachez que certains cygnes, issus d'une race extrêmement rare localisée en Australie, sont noirs. Le jour où vous l'apprenez (donc maintenant pour vous puisque nous venons de l'écrire), votre regard sur le monde est en partie changé. D'ailleurs, si vous intégrez pleinement l'information que nous venons de vous donner, le comportement humain est tel qu'il est très probable que vous rationnalisiez à terme cette information de manière rétrospective, si bien que dans quelque temps vous risquez de croire, à tort, que vous avez toujours su qu'il était possible qu'il existe des cygnes noirs, alors même qu'il y a exactement dix secondes vous pensiez que tous les cygnes étaient blancs.

Un cygne noir, tel que le définit Nassim Taleb, correspond donc à un événement improbable initialement, qui change tout lorsqu'il survient et fait l'objet d'une rationalisation *a posteriori*.

Donnons deux exemples relativement récents de cygnes noirs : la crise du Covid-19 et la crise des *subprimes*.

La pandémie de Covid-19 réunit les trois attributs dévolus aux cygnes noirs. Fin 2019, personne n'était capable de prédire qu'une crise sanitaire se préparait. À l'aube de l'année 2020, aucun expert n'aurait pu raisonnablement imaginer que nos économies allaient s'arrêter pendant de nombreux mois. Inutile de dire que le retentissement de cette crise fut mondial, ce qui permet de cocher le deuxième critère des cygnes noirs. Enfin, après que la crise a surgi, des voix se sont élevées pour dire que nous aurions dû nous attendre à ce genre de crise. Des rapports vieux de vingt ans ont été exhumés pour signaler que des scenarii de pandémie mondiale avaient parfois été envisagés. Mais il s'agit là d'une rationalisation *ex post* des événements tels qu'ils se sont produits. Avant sa survenance, personne ne pouvait raisonnablement imaginer qu'une telle crise allait se produire. La probabilité de survenance du Covid-19 était considérée comme insignifiante.

À la fin des années 2000, la crise des *subprimes* présente également toutes les caractéristiques d'un cygne noir. Un an avant la faillite de Lehman Brothers, la probabilité d'occurrence d'une crise financière et économique mondiale était estimée particulièrement faible. Pourtant, le 15 septembre

2008, fallu se rendre à l'évidence : la décision du gouvernement américain de ne pas sauver la banque d'affaires résonna comme un coup de tonnerre et consacra l'ampleur d'une crise qui, à partir de cette banqueroute, ne pouvait être que mondiale. Après coup, les experts se succéderont pour expliquer pourquoi cette crise était prévisible et inévitable. Ils mentionneront que l'augmentation des taux d'intérêt directeurs de la Réserve fédérale des États-Unis entre 2004 et 2006, combinée à une chute des prix de l'immobilier états-unien, ne pouvait trouver qu'une issue dramatique. La titrisation fut par ailleurs analysée *a posteriori* comme un véhicule excessivement dangereux pour exporter la crise financière partout dans le monde. Mais qui avait raisonnablement prévu cette crise avant son apparition ? Personne.

Nassim Taleb défend l'idée que l'Histoire est pavée de cygnes noirs : la Première Guerre mondiale, la chute du mur de Berlin, les attentats du 11 septembre 2001, l'ordinateur personnel, Internet, le succès d'Harry Potter, etc. Nous choisissons d'exposer cette théorie car elle nous semble mettre en perspective une recommandation pour les porteurs de projets dans l'incertain. Elle invite en effet tous les chefs de projet à être attentifs et ouverts aux événements qui pourraient se produire avec une probabilité extrêmement faible. Prendre en considération la théorie des cygnes noirs revient, dans l'incertain, à repérer les signaux faibles extraits des explorations pour comprendre comment ils pourraient changer la donne des projets sur lesquels les porteurs travaillent.

L'EXTRÉMISTAN ET LE MÉDIOCRISTAN

La plupart des explorations réalisées par les porteurs de projet prennent la forme de tests, d'expérimentations, d'enquêtes, de recherches documentaires, d'analyses approfondies ou encore d'entretiens. Pour réussir à repérer des signaux faibles à partir de ces différentes actions, le porteur doit développer une posture intellectuelle particulière. Il doit agir comme s'il vivait en Extrémistan et surtout éviter les modèles mentaux issus du Médiocristan.

L'Extrémistan et le Médiocristan sont deux mondes imaginaires décrits par Nassim Taleb dans son ouvrage sur les cygnes noirs. Au sein du Médiocristan tous les événements suivent une loi normale. La distribution de toute chose est gaussienne. C'est donc un monde stable où les rares écarts n'ont aucun impact tant les événements se massent autour de la moyenne. Par extension, le futur est relativement prévisible. Pour avoir une perception juste de ce qui risque d'advenir, il suffit d'observer les séries statistiques accumulées dans le passé et de les prolonger. Au Médiocristan, comme disait Victor Hugo, « l'avenir est une porte, et le passé en est la clef ».

En Extrémistan, en revanche, rien n'est prévisible car des événements improbables surviennent régulièrement et changent tout à l'environnement. Lorsqu'un écart survient, il est tellement extrême qu'il change radicalement la moyenne. Ces événements sont extraordinairement difficiles à prévoir car ils ne suivent aucune loi statistique connue et ils bouleversent pourtant tout lorsqu'ils surgissent.

S'envisager en Extrémistan est une invitation à porter une grande attention aux détails insignifiants car le futur peut être bouleversé par un événement qui apparaît pourtant peu probable aujourd'hui. Les découvertes les plus intéressantes sont loin d'être celles qui viennent prolonger le passé.

Un porteur de projet dans l'incertain doit ainsi être conscient que la boîte noire et le futur proche qui sont devant lui sont potentiellement remplis de cygnes noirs en formation. Dans le cadre de ses explorations, il a donc peut-être croisé des cygnes qui s'avéreront noirs mais auxquels il ne fera pas attention s'il pense que le monde ressemble au Médiocristan. En revanche, s'il est conscient de l'existence fréquente de cygnes noirs et qu'il pense que le monde est régi par les mêmes règles que celles qui prévalent en Extrémistan, alors il portera un nouveau regard sur ses explorations et en tirera des enseignements plus riches.

Autrement dit, les apprentissages sur les angles morts ne doivent pas se fonder sur les informations les plus probables ou les plus évidentes. Le porteur de projet doit rester ouvert aux informations improbables pour définir ses apprentissages sur les angles morts.

LE PARADOXE D'ICARE

En développant une vigilance systématique à l'égard de tous les signaux faibles croisés lors des explorations, le porteur de projet élargira son champ de vision et évitera par la même occasion de faire tomber son projet dans le paradoxe d'Icare.

Ce paradoxe est un concept issu des sciences de gestion. Nous devons son énoncé à l'un des chercheurs les plus reconnus en management : Dany Miller. Dans son ouvrage *The Icarus Paradox: How Exceptional Companies Bring About Their Own Downfall*, publié en 1990, il explique pourquoi et comment les entreprises « se tuent souvent à réussir » (Miller, 1990). Il rend alors compte d'un phénomène assez courant qui touche les entreprises ayant rencontré un succès. Lorsqu'une entreprise réussit, elle a souvent tendance à croire qu'elle a trouvé la formule gagnante. Par conséquent, elle décide de se spécialiser sur cette formule pour en devenir experte et l'exploiter pleinement. Qui pourrait le lui reprocher ? L'entreprise décide concrètement de se séparer de tout ce qui ne concourt pas à l'exécution de sa formule gagnante. Elle abandonne alors les ressources et les compétences qui ne sont pas directement impliquées par ce qui semble la faire gagner. À court terme, notons que l'environnement et les résultats confortent l'entreprise dans ce choix puisque la méthode continue de fonctionner à brève échéance.

Cependant, le jour où l'environnement change, quelle qu'en soit la raison, l'entreprise s'aperçoit qu'elle s'est sans doute trop spécialisée. Elle réalise que son choix l'a amenée à être experte de ce qui ne marche plus. Elle ne possède plus les compétences et les ressources requises pour changer de voie. L'entreprise s'est brûlé les ailes, à l'image d'Icare, ce qui a pour effet de l'empêcher d'innover.

Notons que le paradoxe d'Icare est l'une des explications les plus convaincantes avancées par les chercheurs en sciences de gestion pour expliquer pourquoi les entreprises historiques ayant remporté des succès avant l'émergence d'Internet ont aujourd'hui tant de difficultés à innover avec le numérique.

En regardant son environnement avec beaucoup d'horizontalité et un large spectre, le porteur évitera de faire tomber son projet dans le paradoxe d'Icare. Pour éviter ce paradoxe et ne pas être pris en défaut si un cygne noir venait à surgir, il ne doit pas conduire son projet dans l'incertain dans une perspective de prolongement de ce qui semblait marcher pour lui dans les périodes récentes.

Mise en pratique

Rendez-vous sur la case « Apprentissage sur les angles morts » de l'outil :
- commencez par restituer les observations obtenues grâce à vos explorations et capables d'apporter des éléments de réponse aux questions soulevées par les angles morts initialement identifiés sur votre projet ;
- décrivez ensuite les informations surprenantes que vous avez pu récolter au cours de vos explorations. Il s'agit ici de rendre compte des données ou des phénomènes qu'il vous a été possible d'observer par hasard, sans le vouloir, par le biais de vos explorations. Naturellement, contentez-vous ici de signaler seulement les informations susceptibles d'avoir un intérêt direct pour la suite de votre projet.

SUITE DU CAS

La case 8 du DMC nous demande d'indiquer nos apprentissages sur les angles morts de notre projet. Notons qu'au démarrage du projet, notre angle mort était de « ne pas connaître l'état de la concurrence ». Nous ne savions pas si des acteurs s'étaient déjà positionnés sur la même idée que nous.

Nos explorations nous ont permis de combler notre angle mort. En examinant les plateformes YouTube, Coursera et LinkedIn, nous nous sommes aperçus que « les contenus vidéos sur l'incertain sont atomisés, difficiles à mobiliser pour améliorer sa pratique professionnelle et mono-disciplinaires ». « Atomisés » car les vidéos sont proposées par une myriade d'auteurs sans qu'aucun leader d'opinion ne se dégage. « Difficiles à mobiliser pour améliorer sa pratique professionnelle » car les propos tenus restent souvent théoriques. « Mono-disciplinaires » car les vidéos traitent le sujet au prisme d'une spécialité (économie, psychologie, management, statistiques) sans jamais l'aborder de manière holistique.

Notre discussion avec Maxime nous a permis d'éclairer un nouvel angle mort dont nous n'avions pas conscience en début de projet. Au détour de quelques-uns de ses propos, nous avons capté des signaux faibles, à savoir des informations auxquelles nous n'accordions pas d'importance tant elles ne nous paraissaient pas avoir d'influence sur notre projet. Il nous faut dès lors réinterroger le format avec lequel nous souhaitons toucher les professionnels. Les professionnels veulent des contenus prêts à l'usage. Le format vidéo n'est peut-être pas le plus adapté. Par ailleurs, ils disposent d'un temps extrêmement réduit pour consommer des contenus à coloration pédagogique. Il faut donc les toucher au moment opportun (pendant les trajets, dans les transports, etc.). Adopter une stratégie de contenu omnicanal en complétant les vidéos par un livre, un podcast et des contenus spécifiques pour LinkedIn nous est apparu indispensable.

Notons que ces nouvelles idées autour de notre produit nous sont apparues car nous avons mené nos actions d'exploration avec la ferme intention de ne passer à côté d'aucun éventuels cygnes noirs en formation. Nous avons abordé ces explorations avec un modèle mental inspiré de celui qu'il convient d'avoir en Extrémistan.

De surcroît, il faut que vous sachiez que notre précédent projet de vidéos à destination d'un public professionnel fut un succès. En termes d'audience et de qualité perçue par le public. Concepteurs et auteurs du MOOC « Innover et entreprendre dans un monde numérique / *Innovating in a digital world* », nous avons permis à plus de 100 000 personnes (étudiants et professionnels) d'être formées aux notions fondamentales qui structurent l'innovation et l'entrepreneuriat numérique. Ce MOOC a été évalué 4,8/5 par les apprenants, ce qui en a fait, pendant plusieurs années, l'un des produits le plus appréciés sur les plateformes de formation Coursera et FUN. Cette expérience réussie dans la conception de vidéos à destination des praticiens aurait pu orienter nos réflexions. Nous aurions pu avoir tendance à nous concentrer sur notre formule gagnante et à considérer que les modalités du dialogue que nous voulions établir avec les professionnels devaient passer par des vidéos. Conscients du risque de faire tomber notre projet dans le paradoxe d'Icare, nous acceptons au contraire d'interroger les usages des praticiens pour leur offrir la meilleure expérience utilisateur, sans égard pour ce que nous avons déjà réussi à faire précédemment avec notre dernier MOOC.

Changements sur le projet

Executive summary

- **Dans l'incertain, la capacité d'un porteur de projet à pivoter et à emprunter de nouveaux chemins** pour se redonner de nouvelles chances de réussite se révèle fondamentale. Pour réajuster son projet correctement, le porteur de projet devra prendre en considération deux recommandations.
- **Sur le plan de la posture**, à l'image de Saint Thomas, le porteur de projet ne doit croire que ce qu'il voit. Pour éviter de tomber dans la situation inverse, où il ne verrait que ce qu'il croit. L'écueil serait ici d'avoir un porteur de projet mû par l'envie de se donner raison plutôt que de gagner.
- **Sur un plan plus pratique**, pour faciliter les pivots, le porteur de projet a intérêt à avoir mis en place préalablement sur son projet des procédures de pardon en cas d'échec dans ses décisions. Les procédures de secours installées en amont du projet pour pardonner les mauvaises décisions prises par la suite empêchent en effet de s'enferrer dans des voies sans issue.

Les conseils prodigués aux entrepreneurs dépendent assez peu de la région du monde dans laquelle se trouvent leurs start-up. Les discours tenus aux fondateurs d'entreprise sont souvent identiques. Cette homogénéité dans les recommandations s'observe jusque dans le champ lexical utilisé par les accompagnateurs. Les mentors, d'où qu'ils viennent, manient la même grammaire et utilisent le même vocabulaire pour exprimer leurs préconisations. Ils parlent de « *minimum viable product* », de « *product market fit* », de « *growth hacking* », etc.

Ce phénomène de standardisation provient certainement de la couverture médiatique dont ont bénéficié certains incubateurs. Tous les acteurs du monde de l'entrepreneuriat connaissent par exemple le *Y Combinator* ou *Techstars*. Par effet de mimétisme, les partis pris et les visions de ces acteurs forts de l'accompagnement entrepreneurial se sont diffusés à travers le monde.

L'un des conseils les plus souvent donnés consiste alors à demander aux entrepreneurs de ne surtout pas confondre le fait d'avoir raison et de gagner.

En effet, un porteur de projet qui cherche à avoir raison souhaite obtenir des résultats conformes à la manière dont il se représente les choses. En voulant avoir raison, il vise une récompense intellectuelle. Il cherche à valider son modèle de pensée et entend montrer à tout le monde qu'il sait comment le marché, les agents et les concurrents interagissent.

Un porteur de projet qui cherche à gagner se soucie peu des moyens qui le conduiront au succès. L'évaluation qu'il a de lui-même dépend exclusivement des résultats qu'il parviendra à atteindre, sans égard pour la validation d'un quelconque modèle qu'il aurait intellectuellement construit avant d'agir.

Un entrepreneur qui cherche à avoir raison a souvent à l'esprit un modèle mental qu'il tente de faire entrer de force dans le réel. À l'inverse, un entrepreneur qui désire gagner ne va pas imposer son plan au monde. Il va s'appuyer sur le potentiel d'une situation avec un opportunisme assumé.

En Europe, on reproche souvent aux entrepreneurs de vouloir avoir raison plutôt que d'essayer de gagner. Cette propension à entreprendre pour valider des plans et des idées trouve une partie de son origine dans la culture et l'histoire. Les sociétés européennes ont été profondément marquées par la philosophie grecque qui se caractérise par une forme de primat de l'esprit sur le réel. Le monde est supposé être porté par l'*eidos* (les idées) et le *telos* (la cause finale). La première étape consiste donc à concevoir un idéal-type. La seconde sera la confrontation au réel mais sera une étape de second plan.

Cette tendance à vouloir avoir raison doit être combattue, aussi bien par les entrepreneurs que par tous les porteurs de projet dans l'incertain, parce que dans un environnement imprévisible, les plans ne sont que poésie. Il est indispensable d'assumer la supériorité des faits sur la manière dont les porteurs de projet se représentent ces faits, c'est-à-dire la supériorité de la pratique sur la théorie.

RÉINITIALISER SA BOUSSOLE

Dan Ariely, titulaire d'un double doctorat en psychologie cognitive et en marketing, est professeur en économie comportementale. Il a longtemps enseigné au Massachusetts Institute of Technology (MIT) et est désormais en poste à l'université de Duke. La plupart de ses recherches portent sur le comportement irrationnel des agents économiques. Dans ses travaux, il essaie de comprendre les raisons qui amènent les individus à agir de manière illogique.

Dans l'un de ses derniers ouvrages, *Toute la vérité (ou presque) sur la malhonnêteté,* un passage vise notamment à expliquer pourquoi et comment les mécanismes d'absolution d'un acte répréhensible permettent d'éviter sa prolifération. Si cette recherche est stimulante sur le plan intellectuel, elle doit surtout être connue des porteurs de projet dans l'incertain. Exposons d'abord la thèse de Dan Ariely et tirons-en ensuite une série d'enseignements pour tous les porteurs de projet dans l'incertain.

Pour comprendre comment l'indulgence peut réduire la prolifération des actes répréhensibles, partons d'un exemple. Reprenons l'exemple donné par Dan Ariely dans son ouvrage. Dans la religion catholique, mentir est contraire aux ordres de l'Évangile. Proférer volontairement des contre-vérités est donc considéré comme un péché. Dans cette religion, il est toutefois possible d'absoudre un mensonge en le confessant. Si quelqu'un ment, il peut en faire l'aveu auprès d'un prêtre et être ainsi pardonné de son péché. Alors que cette mécanique d'excuse devrait théoriquement augmenter le nombre de mensonges énoncés, elle semble au contraire impulser une dynamique vertueuse qui limite leur prolifération.

Si nous examinons froidement la situation, c'est-à-dire avec un raisonnement qui présuppose la rationalité des agents, l'instauration d'un système de pardon devrait normalement multiplier le nombre d'actes répréhensibles produits par les individus plutôt que de le réduire. En effet, un agent rationnel arbitre entre le bénéfice espéré et le coût attendu de chacune de ses actions. Si les actes condamnables peuvent être pardonnés, alors leur coût est mécaniquement allégé. Toutes choses étant égales par ailleurs, l'agent a un intérêt accru à commettre des actes répréhensibles.

Pourtant, Dan Ariely est formel. Il indique que l'instauration d'un système de confession et de pardon sur des actions condamnables réduit leur prolifération. Son résultat apparaît donc contre-intuitif et son assertion est paradoxale.

Pour lever le paradoxe, il faut comprendre qu'un système de pardon permet, selon les termes de Dan Ariely, de « réinitialiser la boussole » de celui qui a péché. Autrement dit, l'absolution sort les agents de la spirale négative dans laquelle ils risquaient de s'embourber s'ils n'étaient pas pardonnés.

Expliquons ce phénomène de manière prosaïque. Psychologiquement, depuis notre plus jeune âge, nous nous conditionnons en associant « le bien » au fait de ne jamais perpétrer d'actions condamnables et nous relions « le mal » au fait de réaliser des actions répréhensibles. Nous nous construisons donc mentalement avec cette vision manichéenne des choses. Or, la vie fait que, parfois, nous dévions. Nous commettons un acte critiquable. Le risque est alors que nous basculions dans un état psychologique où nous pensons que cette action blâmable vient sceller notre sort. Puisque nous avons commis cette faute, nous pourrions penser que nous venons de tomber dans le camp des mauvaises personnes. Si c'est le cas, il se peut alors que nous estimions qu'il ne sert plus à rien d'agir correctement puisque nous avons déjà perdu. En quelque sorte : « La messe est dite. » Si nous nous laissons envahir par ce sentiment, alors nous pourrions nous laisser aller et commettre d'autres actions moralement condamnables. Pire, le risque que nous commencions à commettre des actes bien plus lourdement punissables augmente au motif que nous avons déjà perdu et que nous sommes, de toute façon, des mauvaises personnes. Pour éviter ce risque, il faut donc que le système prévoie des soupapes de sécurité pour nous absoudre de nos erreurs et nous éviter de chavirer dans cette spirale négative. Dans la religion catholique, cette soupape prend la forme d'une discussion avec un prêtre qui peut décider de nous pardonner nos péchés si nous en faisons l'aveu. Le prêtre peut en quelque sorte « réinitialiser notre boussole ».

Remarquons que le phénomène que nous venons d'exposer existe dans beaucoup de domaines. Les régimes alimentaires par exemple. Psychologiquement, juste avant de commencer un régime, nous associons le bien au fait de manger des légumes et le mal au fait de manger des crèmes glacées. La vie fait que nous allons très probablement craquer un jour et succomber aux appels sournois de la chantilly. Pour éviter que cet écart ne marque la fin de notre régime, il faut donc que nous puissions trouver un moyen de réinitialiser notre boussole en cas de déviation par rapport à la trajectoire que nous nous sommes initialement fixée.

Si ce phénomène existe dans beaucoup d'aspects de notre vie, il existe aussi dans le monde des projets en entreprise, surtout lorsqu'ils sont conduits dans l'incertain. Au départ, l'optimisme des porteurs de projet les amène à imaginer un certain nombre d'issues favorables pour leur projet. Psychologiquement, ils se disent qu'ils seront des professionnels talentueux s'ils réussissent à exécuter leurs projets tels qu'ils les ont initialement imaginés. Inversement, ils considéreront qu'ils seront des professionnels défaillants s'ils n'exécutent pas leurs projets comme prévu selon les plans. Dans le cas où ils dévient, le risque est alors qu'ils changent leur projet de manière déraisonnable en étant victimes de l'effet de laisser-aller que nous venons d'expliquer. Le risque est donc que les porteurs adoptent une attitude qui consisterait à se dire que, de toute façon, leurs projets ne correspondent plus à ce qu'ils devaient faire. Ils pourraient alors les pousser, de manière déraisonnable, pratiquement jusqu'à l'absurde.

La théorie de Dan Ariely appliquée aux projets dans l'incertain invite les porteurs à comprendre et à confesser les choix initiaux qui se sont finalement révélés inopportuns. La case 9 joue ce rôle et oblige le porteur à nommer les changements de direction à opérer pour repartir sur une dynamique positive de choix éclairés par les nouvelles informations récoltées au cours des explorations afin de régénérer le projet et de réinitialiser sa boussole.

Pour que les porteurs puissent être confortables avec l'idée de modifier le contenu de leurs projets, il est souhaitable que le DMC soit déployé dans un environnement culturel qui félicite les changements de direction. Les pivots doivent être compris comme la réponse la plus intelligente à produire dans un contexte d'incertitude où les choix initiaux se révèlent pratiquement toujours inappropriés. Non pas parce que ces choix étaient mauvais au regard des informations disponibles. Encore moins en raison d'une faute commise par le porteur. Mais à cause de l'imprévisibilité des événements qui change la donne informationnelle en permanence et oblige les porteurs de projet à ajuster leurs actions.

Dans l'incertain, faire pivoter son projet n'est pas l'aveu d'un échec. C'est au contraire une bonne pratique.

L'ÉLOGE DU PIVOT

L'abnégation est indéniablement une qualité utile pour conduire un projet. Surtout dans l'incertain. Avoir une détermination sans faille permet de ne pas abandonner au premier obstacle rencontré.

Pour autant, si la persévérance est une qualité, il ne faut surtout pas qu'elle se transforme en obstination. Dans l'incertain, les porteurs de projet doivent comprendre qu'il ne sert à rien de vouloir tenir le cap. Il n'est pas recommandé de vouloir faire preuve de constance. Il faut au contraire accepter de faire pivoter son projet et d'étouffer ses intuitions initiales, au risque sinon de transformer sa détermination en acharnement inopportun.

Les porteurs de projet qui exprimeraient des difficultés avec l'idée de changer radicalement la direction de leur projet peuvent toujours se rassurer en regardant le monde des start-up. Tous les plus grands succès du numérique ont été portés par des entrepreneurs qui ont accepté de faire évoluer la proposition de valeur de leur entreprise.

À titre d'exemple, YouTube a été initialement pensé comme un site de rencontre. Plutôt que d'écrire un profil, les célibataires pouvaient télécharger une vidéo pour se présenter dans un format plus fluide et visuel. Avec cette promesse, l'acquisition client et la rétention de la plateforme étaient très mauvaises. Les fondateurs ont alors décidé de faire pivoter la proposition de valeur de YouTube en acceptant tous les types de vidéos. Loin d'être devenu un site de rencontre, YouTube est aujourd'hui l'un des plus grands médias en ligne.

À l'origine, Flickr était un jeu multijoueur en ligne. Ce site récréatif s'intitulait Game Neverending. L'idée était de proposer aux internautes un divertissement mêlant le réel et le virtuel. Pour gagner des points sur la plateforme, les joueurs devaient se déplacer physiquement dans des endroits réels et attester de leur présence en prenant des photos et en les partageant sur le site. En observant les métriques associées à son site, le fondateur observa que la fonctionnalité « échange de photos » était détournée : les joueurs ne l'utilisaient pas pour gagner des points dans le jeu mais pour s'échanger simplement et très directement des photos. Il décida alors de faire pivoter son site. Le fondateur en fera ainsi le plus grand site d'échanges de photos sur Internet.

Android était au départ un logiciel conçu pour être embarqué sur les appareils photos. Ce dispositif devait offrir aux photographes la possibilité de poster plus facilement leurs réalisations sur Internet, directement à partir de leurs appareils photos. Au même moment, les téléphones se sont imposés comme l'équipement favori des consommateurs pour prendre des photos. Android a ainsi dû migrer sur les téléphones. Ce changement lui a permis de proposer un nombre bien plus étendu de services sur ce nouvel équipement. Android est désormais l'un des deux leaders des systèmes d'exploitation sur smartphones.

Groupon, Instagram et Pinterest sont d'autres exemples de projets numériques ayant connu un succès fulgurant après avoir changé radicalement le contenu et le positionnement de leur service. L'une des plus grandes qualités des fondateurs de ces start-up réside dans leur humilité face au marché. Ils savent qu'ils ne peuvent pas avoir raison contre le lui. Leur talent est alors d'imaginer des stratégies qui les rendent capables d'ajuster en permanence leur entreprise en fonction des désirs imprévisibles et changeants des consommateurs. Ils ne préjugent jamais de la supériorité de leurs intuitions. Ils ne cherchent pas à éduquer les consommateurs et n'espèrent pas créer un besoin encore inexistant à date. Ils font évoluer significativement voire drastiquement leur proposition de valeur dans le but d'atteindre le point de rencontre entre leur innovation et la demande.

Une start-up n'est rien d'autre qu'un projet mené dans un univers imprévisible. Les règles auxquelles sont assujettis les entrepreneurs sont identiques à celles qui s'imposent à n'importe quel porteur de projet dans l'incertain. Les porteurs de projet doivent donc accueillir pleinement l'idée de pivot. La case 9 du DMC leur permet d'assumer ces pivots en décrivant les contours des changements qu'ils souhaitent apporter au projet.

Mise en pratique

Rendez-vous sur la case « Changements sur le projet » de l'outil :

- rédigez les changements que vous souhaitez apporter à votre projet. Ces changements dans le fond ou la forme proviennent directement des apprentissages dont vous avez bénéficié grâce à vos explorations. Ils sont donc la conséquence logique des notes prises dans les cases 7 et 8 du DMC, c'est-à-dire des leçons que vous avez tirées de vos explorations concernant vos certitudes et vos angles morts sur votre projet ;
- les changements à décrire peuvent être de nature différente : ils peuvent être profonds et toucher au cœur du projet, mais ils peuvent aussi être d'ampleur modeste et en couvrir des aspects mineurs. Tous les changements, petits ou grands, doivent être énumérés dans cette case.

SUITE DU CAS

La case 9 du DMC nous demande d'indiquer les changements à opérer sur le projet. D'abord, pour nous assurer de produire un contenu actionnable par les praticiens, nous décidons de repositionner drastiquement notre projet. Nous ne nous envisageons plus comme des producteurs de vidéos, mais comme les concepteurs d'un « outil d'aide à la décision dans l'incertain ». Nous souhaitons désormais réaliser un véritable outil dont les professionnels pourront se servir pour éclairer leur prise de décision dans des environnements imprévisibles. Par conséquent, les vidéos que nous envisagions de produire ne seront plus des vidéos au sens strict. Elles prendront la forme de tutoriels qui viendront expliciter le fonctionnement de chacune des cases de l'outil.

Ensuite, nous choisissons de traiter la question de la prise de décision dans l'incertain avec une approche pluridisciplinaire. Nous ne nous contenterons pas de l'aborder avec une perspective de chercheurs en management. Nous irons quérir des réflexions issues de la littérature en psychologie, en économie, en statistiques, etc.

Enfin, nous décidons de déployer une stratégie omnicanale. Nous toucherons les professionnels au moyen de différents produits, grâce à notre outil en vente directe (par Internet) et indirecte (par des formations). Les vidéos qui seront les tutoriels de chacune des cases de l'outil seront par ailleurs pensées pour être déployées sous la forme d'un MOOC, distribué sur FUN et Coursera. Ces vidéos seront aussi réalisées pour être intelligibles sans image, de manière à pouvoir les transformer facilement en podcast. L'idée est ici de toucher les professionnels pendant leurs temps de déconnexion (temps de transports par exemple). Nous compléterons la conception de l'outil, du MOOC et du podcast par la rédaction d'un livre (celui que vous êtes en train de lire) en version numérique et imprimée. Ce livre pourra être compris comme le mode d'emploi de l'outil d'aide à la décision dans l'incertain.

Notons que l'ensemble de ces transformations constitue un changement significatif de direction sur le projet. En énumérant ces changements, nous avons clairement réinitialisé notre boussole. Nous avons pu le faire car nous avons accepté dès le départ l'idée que l'incertain allait nous imposer des changements majeurs au cours de notre projet. Nous ne considérons donc pas que nous nous sommes trompés dans notre jugement, mais estimons simplement que nos explorations nous ont permis de récolter des informations nouvelles qui nous invitent désormais à faire pivoter notre projet.

Bénéfices-risques

Executive summary

- **Les environnements incertains recèlent un nombre incalculable d'opportunités.** Si bien qu'il est toujours préférable d'aborder l'imprévisibilité de ces contextes avec des stratégies offensives, pour en tirer parti, plutôt que de les craindre en mettant en œuvre des actions défensives pour essayer de s'en protéger.

- **Pour conférer aux projets qui évoluent dans l'incertain une dimension antifragile**, il convient d'évaluer leur progression en passant leur évolution dans le temps au crible d'une analyse « bénéfices-risques ». Cette méthode, rudimentaire, permettra d'apprécier l'intérêt des pivots à réaliser sur ces projets.

- **Sur un plan pratique, les pivots seront facilités s'il n'existe pas de coût irrécupérable sur le projet**. Lorsque des investissements lourds ont été consentis sans possibilité de retour en arrière, il est courant d'observer des porteurs de projet qui commencent à se mentir et à tordre la réalité pour justifier, à tort et *a posteriori*, l'intérêt de leurs dépenses malencontreuses.

Pour statuer sur l'intérêt d'un changement, il convient d'évaluer méticuleusement les opportunités et les menaces afférentes à la transformation envisagée. Si le changement ne donne pas lieu à une évaluation minutieuse, il risque de charrier avec lui un certain nombre d'espoirs déraisonnables ou de doutes excessifs. Un changement qui n'est pas examiné rigoureusement devient un sujet clivant. Il scinde l'opinion en deux camps. D'un côté, se trouvent les éternels optimistes. Leur enthousiasme est inaltérable. Ils adorent tout par définition. Sans surprise, ceux-là prédisent un avenir radieux à la nouvelle tendance qui émerge. De l'autre côté, par opposition, s'érigent les inlassables pessimistes. Dubitatifs et critiques, ils ne manquent pas de pointer toutes les faiblesses relatives à la nouvelle situation qui, par construction, reste imparfaite et ne présente aucune assurance quant à son succès futur.

Les évaluations superficielles laissent une place trop importante aux pressentiments, aux présomptions ou, pire encore, aux a priori. Cela a pour effet de les rendre inintéressantes. Elles sont profondément biaisées car elles dépendent directement du tempérament des personnes qui portent un jugement. Il convient donc de ne pas se contenter d'évaluations sommaires pour appréhender les changements d'un projet. Le porteur doit engager une analyse approfondie des bénéfices attendus et des risques présumés associés aux transformations opérées sur son projet.

L'« ANTIFRAGILITÉ »

Le français est reconnu pour être une langue sophistiquée en ce qu'elle offre à ceux qui la parlent ou l'écrivent un large choix de mots pour exprimer avec subtilité leurs idées. Notons que le *Littré*, réputé pour être le dictionnaire le plus complet de la langue française, recense à ce jour 132 000 termes. Pourtant, les mots nous manquent parfois pour désigner certains phénomènes.

Quand un objet tombe ou casse à la suite d'un choc, nous pouvons dire de cet objet qu'il est « fragile ». Quand il résiste, nous pouvons dire qu'il est « résilient ». Mais comment exprimer la propriété d'un objet qui se renforce après qu'il ait reçu un choc ? Les coups portés sur cet objet ne l'affaiblissent pas. Ils augmentent sa résistance. À notre connaissance, il n'existe pas de mot pour caractériser cet attribut dont bénéficient quelques rares objets. Autrement dit, il n'existe pas d'antonyme satisfaisant au mot « fragile ».

Nassim Taleb, dont nous avons déjà mentionné les travaux à propos des cygnes noirs, fait une proposition. Il suggère d'employer le néologisme « antifragilité » pour désigner la qualité d'un objet ou d'une personne dont la puissance serait accrue consécutivement à une agression extérieure. Pour illustrer cette propriété, il compare une bougie et un feu de forêt. Lorsque le vent souffle sur une bougie, celle-ci s'éteint. Pour cette raison, la bougie peut être définie comme fragile. En revanche, lorsqu'une bourrasque s'abat sur un feu de forêt, les flammes sont ravivées. Le foyer de l'incendie se revigore. C'est pourquoi il est possible de dire qu'un feu de forêt est « antifragile ».

L'« antifragilité » est certainement la qualité la plus recherchée par les porteurs de projet dans l'incertain parce qu'elle leur permet d'accueillir l'incertitude plutôt que la craindre. Elle leur permet de tirer avantage des événements imprévus qui jonchent la vie du projet et de transformer les bouleversements de l'environnement en opportunités.

Le DMC a ainsi été pensé pour rendre les projets dans l'incertain les plus « antifragiles » possibles. En suivant le canevas suggéré par l'outil, les porteurs réalisent des explorations et apprennent de leur environnement. Ils modifient alors le contenu de leurs projets dans le but de profiter des nouveaux savoirs dont ils ont pris connaissance. Autrement dit, le DMC vise à redéfinir le contenu du projet en le conformant aux exigences de l'environnement dans lequel il évolue, alors même que ces exigences sont initialement inconnues et continûment changeantes.

Notons que les porteurs de projet n'ont pas totalement la main pour décider du niveau de résistance de leurs projets face aux aléas qui apparaissent au fil du temps. Ils ne l'ont que partiellement. L'« antifragilité » peut donc être considérée comme une propriété à la fois intrinsèque et extrinsèque aux projets. Malgré les efforts fournis par les porteurs de projet, il est en effet des événements qui peuvent faire tomber le projet, sans autre possibilité pour les porteurs que de constater leur impuissance.

L'« antifragilité » n'est donc jamais un état absolu. C'est une quête. Le porteur doit essayer de s'en rapprocher sans qu'il ne soit possible pour lui d'y parvenir pleinement.

Si l'utilisation du DMC contribue à rendre le projet « antifragile », la case 10 de l'outil va simplement permettre au porteur de projet de constater le niveau d'« antifragilité » de son projet, relativement à ses dernières découvertes. Cette case permet donc de poser un diagnostic. Elle montre au porteur de projet si les changements qu'il envisage présentent potentiellement des bénéfices supérieurs aux risques qu'ils font peser.

Soupeser les bénéfices et les risques des changements à opérer sur le projet est certainement la meilleure manière d'en qualifier le niveau d'« antifragilité » au temps présent. Si les changements envisagés montrent des bénéfices espérés supérieurs aux risques qu'ils génèrent, alors le projet sortira renforcé des explorations qui ont été préalablement faites. Au contraire, si les bénéfices attendus ne compensent pas les risques, le projet aura été fragilisé par les explorations réalisées par le porteur de projet.

LE BIG FIVE

Passer les changements envisagés au tamis de la balance « bénéfices-risques » présente un autre avantage, plutôt inattendu. En effet, il permet aux porteurs d'envisager leurs projets avec un rapport idoine au temps. Pour le comprendre, faisons un détour par quelques résultats de recherche avancés par les chercheurs en économie comportementale.

Depuis plusieurs années, des économistes travaillent sur les relations qui lient la personnalité des agents et leurs comportements dans l'incertain. Pour être conduites, ces recherches doivent d'abord caractériser proprement les traits psychiques des individus. Ils peuvent alors s'aider du modèle des Big Five, souvent utilisé en psychologie pour décrire le caractère d'une personne. Ce modèle a été conçu dans les années 1960 par Ernest Tupes et Raymond Christal qui se sont inspirés de travaux antérieurs réalisés au sein du laboratoire du personnel de l'United

States Air Force à la fin des années 1950. Il est aujourd'hui dominant et largement utilisé par les services de ressources humaines dans les entreprises. Comme son nom l'indique, le modèle des Big Five postule que la personnalité des individus s'articule autour de cinq dimensions : l'ouverture, la conscienciosité, l'extraversion, l'agréabilité et le névrotisme. L'ouverture d'une personne renvoie à son goût pour l'apprentissage et les nouvelles expériences. La conscienciosité définit son inclinaison pour la discipline, la rigueur et l'ordre. L'extraversion qualifie sa capacité à interagir avec les autres. L'agréabilité caractérise le calme, l'altruisme et la générosité dont la personne fait preuve. Le névrotisme atteint les personnes vulnérables, anxieuses et sujettes au stress.

Aucune recherche sérieuse n'a pu établir de lien entre un trait de personnalité pris isolément et la probabilité de réussir un projet dans l'incertain. Il n'en existera d'ailleurs sans doute jamais car ce genre d'étude est, à date, inconcevable sur un plan méthodologique. Obtenir un succès avec un projet dans l'incertain dépend de nombreux paramètres interdépendants, certains étant connus, d'autres restant encore inconnus. Séparer l'une de ces variables en exerçant un contrôle sur toutes les autres pour s'assurer de n'extraire que l'effet de cette variable sur la probabilité de réussite d'un projet n'est techniquement pas réalisable.

En revanche, il est possible de déchiffrer les éventuels rapports de causalité existants entre un trait de personnalité et un type de comportement dans l'incertain. En plus d'être faisable, ce genre d'étude ouvre une discussion intéressante sur la façon dont les traits de personnalité influencent la manière dont les porteurs de projet se comportent dans l'incertain. À ce sujet, en 2019, une étude a été produite par Tomáš Jagelka. Elle montre que les individus consciencieux (au sens du modèle des Big Five) ont une préférence pour le présent moins prononcée. Autrement dit, cette recherche conforte l'idée selon laquelle les individus définis comme consciencieux sont, en moyenne, plus patients que les autres lorsqu'ils conduisent un projet (Jagelka, 2019).

Il nous est impossible de prétendre améliorer le niveau de conscienciosité des porteurs en leur suggérant simplement de peser froidement dans la balance « bénéfices-risques » les changements à réaliser sur leur projet.

Cependant, nous espérons que l'évaluation minutieuse de ces changements contribuera à leur apporter la bonne distance au temps pour conduire leurs actions dans l'incertain.

Jusqu'ici, nous avons souvent répété que l'incertain empêchait de prévoir le futur d'un projet. Quand nous énoncions cette idée, nous faisions implicitement référence au contenu du projet. Mais cette idée vaut également pour le temps du projet. L'incertain rend imprévisible le temps qu'il faut pour terminer un projet. Les porteurs doivent donc faire preuve d'endurance et ne pas se montrer trop impatients.

De manière opportuniste, notons que le DMC encourage les agents à être disciplinés, rigoureux et ordonnés dans leur processus de décision. Il peut donc être compris comme un outil au service de la conscienciosité des agents qui doivent agir dans l'incertain. En plus de les aider à prendre les bonnes décisions, le DMC les aide à prendre la bonne distance avec leur projet. Il développe leur endurance.

LES COÛTS IRRÉCUPÉRABLES ET LA DÉPENDANCE DU CHEMIN

Dans l'incertain, l'un des risques les plus redoutables survient lorsque le porteur de projet engage des dépenses que les économistes appellent « irrécupérables ». Un coût est réputé irrécupérable lorsqu'il est définitif, c'est-à-dire perdu pour toujours, sans possibilité de le recouvrer. Ce genre de coûts apparaît souvent lorsqu'il n'existe pas de marché secondaire sur un produit. Par exemple, si le porteur de projet investit dans un dispositif technique en sachant qu'il ne pourra jamais être revendu le cas échéant, alors l'achat de ce matériel génère un coût irrécupérable.

Faire des choix qui engendrent des coûts irrécupérables présente toujours un risque dans l'incertain car le porteur s'expose à ne plus pouvoir faire marche arrière. Le risque est ainsi d'enfermer involontairement le projet dans un chemin duquel le porteur ne pourra plus se départir.

En environnement incertain, les coûts irrécupérables influencent durablement les choix et le chemin que le porteur va emprunter pour éclaircir la boîte noire qui est devant lui. Si le chef de projet fait le choix d'une dépense qu'il sait qu'il ne pourra jamais récupérer, il risque d'être pris dans ce que les chercheurs en sciences de gestion nomment « la dépendance du chemin ». Pour expliquer simplement ce phénomène, sachez qu'après avoir fait une dépense irrécupérable, même si tous les signaux de marché indiquent au porteur qu'il a tout intérêt à arrêter d'utiliser la ressource achetée sans revente possible, il aura tendance à se voiler la face et à forcer les options qui utilisent cette ressource pour tenter de lui donner une forme de retour sur investissement alors même qu'elle ne le mérite visiblement pas.

Dans un univers incertain, se lier les mains est une très mauvaise pratique. Le porteur doit donc être vigilant pour ne pas se fourvoyer avec des coûts irrécupérables trop élevés qui l'emprisonneraient sur un chemin sans retour possible.

Saras Sarasvathy, dont nous avons précédemment loué les travaux au travers du concept d'effectuation, défend l'idée que les entrepreneurs doivent dorénavant raisonner en « pertes acceptables ». Autrement dit, les porteurs de projet doivent pouvoir engager des dépenses sans mettre en péril leur futur. Cette recommandation, appliquée aux projets dans l'incertain, enjoint les porteurs à réaliser des dépenses qui ne détériorent pas l'horizontalité des choix qu'ils auront à faire à l'avenir, de manière à pouvoir continuer à ajuster l'orientation et le contenu de leur projet. L'une des manières de conserver une grande latitude dans leurs actions futures consiste à éviter le plus possible les coûts irrécupérables, à moins qu'il ne s'agisse de pertes acceptables.

Mise en pratique

Rendez-vous sur la case « Bénéfices-Risques » de l'outil :

- remplissez d'abord la case « Bénéfices » : il convient de lister tous les bénéfices imputables aux changements imaginés sur le projet. Ces bénéfices peuvent être directement liés à un changement bien identifié dans le projet ou être le résultat de l'ensemble des changements imaginés. Il n'est pas nécessaire d'avoir une correspondance parfaite entre le nombre de bénéfices anticipés sur le projet et le nombre de changements listés dans la case précédente ;

- prenez soin ensuite de compléter la case « Risques » : le terme « risque » n'est évidemment pas à comprendre ici avec une acception financière ou comptable. Il ne s'agit pas de calculer les coûts financiers des changements à réaliser, mais plutôt de prendre conscience de l'ensemble des inconvénients (financiers et surtout non financiers) des changements imaginés sur le projet.

SUITE DU CAS

Nous avons envisagé dans la case 9 trois changements majeurs : produire un « outil d'aide à la décision dans l'incertain » plutôt que des vidéos, « aborder le sujet de l'incertain avec une approche pluridisciplinaire » et déployer une « stratégie omnicanale ». Autrement dit, nous allons compléter l'outil d'aide à la décision dans l'incertain par la conception d'un MOOC, d'un podcast et d'un livre. La case 10 du DMC nous invite alors à énumérer les bénéfices et les risques de ces changements.

Les changements envisagés sur le projet génèrent deux bénéfices. Premièrement, l'outil d'aide à la décision dans l'incertain revêt une dimension originale. À notre connaissance, il n'existe pas d'outils de ce genre dans les entreprises. Cette singularité est un atout pour attirer l'attention des professionnels. Deuxièmement, les changements suggérés ouvrent un champ des possibles bien plus large en termes de business models. Les revenus sur ce projet pourront provenir de la vente de l'outil, mais également des produits annexes (le MOOC, le podcast et le livre) ainsi que des formations sur l'outil.

La nouvelle version du projet soulève toutefois deux risques. Le premier concerne sa faisabilité : concevoir un outil d'aide à la décision dans l'incertain nécessite des compétences différentes de celles requises pour concevoir des vidéos. Il existe donc désormais un risque d'exécution sur le projet. Le second risque porte sur le coût des changements : la stratégie omnicanale envisagée génère potentiellement des dépenses supérieures à celles imaginées initialement.

Notons que le risque d'exécution de la nouvelle version du projet reste limité. Notre connaissance de la littérature sur l'incertain nous amène à être confiants sur le fait de disposer des connaissances nécessaires à la conception d'un tel outil. Par ailleurs, notre expérience de chercheurs nous amène à produire régulièrement des innovations, ce qui nous rend plutôt sereins quant à la faisabilité du projet. S'agissant du risque de dépassement du budget, nous pouvons adopter une stratégie frugale en mutualisant nos ressources pour la conception des différents produits. Les tutoriels filmés consacrés à chacune des cases de l'outil pourront servir de vidéos pour le MOOC. Ces vidéos seront pensées pour passer automatiquement en format audio, ce qui permettra de ne générer aucun coût supplémentaire sur la production du podcast. Les scripts des vidéos seront par ailleurs utilisés comme base pour l'écriture de l'ouvrage. Par conséquent, les deux risques soulevés par les changements envisagés sont restreints. Les bénéfices restent en revanche substantiels. La balance « bénéfices-risques » des changements à opérer nous laisse donc penser que nous avons rendu le projet « antifragile ».

En ayant soupesé les bénéfices et les risques relatifs aux changements à opérer sur le projet, nous avons été consciencieux. De ce fait, nous avons tempéré notre impatience. Enfin, aucun des changements ne génère de coûts rédhibitoires. Si ces changements ne produisent pas les effets escomptés, nous pourrons largement supporter les coûts qu'ils engendreront puisque nous avons raisonné en « pertes acceptables ». En engageant les transformations proposées, il sera toujours possible de faire ultérieurement des choix avec plus de latitude. Les changements à opérer ne nous enferment pas dans un chemin duquel nous deviendrions dépendants.

CASE 11

Stop ou encore

Executive summary

- **En récompensant exclusivement les succès, beaucoup d'entreprises alimentent une intolérance à la défaite** qui incite les employés à ne jamais déclarer leur projet en situation d'échec. Pourtant, dans un environnement incertain, un porteur de projet doit toujours pouvoir disposer de la liberté d'abdiquer à tout moment s'il estime que son projet le conduit manifestement dans une impasse.

- **Cette liberté n'est pas acquise. Elle doit être organisée et protégée.** Dans cette perspective, il convient de réaffirmer aux porteurs de projet l'existence d'une réelle alternative dont l'une des options consiste à abandonner, et de leur faire comprendre que décider, c'est bien plus que choisir. Si un porteur de projet choisit de s'interrompre ou au contraire de persister, c'est parce qu'il a acquis la conviction de l'intérêt de ce choix par le biais des informations qu'il a pu récolter tout au long du processus amont de décision.

Peter Drucker est certainement l'une des personnalités les plus reconnues en sciences de gestion. Il fait en effet partie de ces chercheurs qui ont toujours essayé de produire des travaux à visée pratique, ancrés dans une légitimité scientifique mais à destination des praticiens. Par conséquent, sa notoriété a largement dépassé les frontières du monde académique, à tel point que de nombreux articles de presse lui attribuent le surnom de « Pape du management ». Professeur à l'université de New York puis à l'université de Claremont, il est l'auteur de nombreuses recherches. Éclectique, il a écrit sur l'innovation, le marketing, le fonctionnement des entreprises et des administrations, le leadership, ou encore l'entrepreneuriat.

Sans qu'il ne l'ait prémédité, Peter Drucker est également l'auteur d'une phrase aujourd'hui souvent reprise par les coachs de vie et autres conférenciers qui se chargent de redonner le moral à leurs clients. Cette phrase signale que « le meilleur moyen de prévoir le futur c'est... de le créer ». Si cette formule est engageante, elle nous interroge toutefois sur l'influence qu'il est possible d'avoir sur l'état des choses à venir. Peut-on peser sur son propre futur ? Ou sommes-nous destinés à subir les aléas d'un contexte qui nous expose à des événements imprévus sur lesquels nous n'avons aucune prise ?

Loin de vouloir traiter cette question sur un plan philosophique, nous pouvons simplement y apporter un élément de réponse en prenant la place d'un porteur de projet. Dans un environnement incertain, il est impossible d'anticiper les événements à venir. C'est même la propriété retenue pour définir ce qu'est l'incertain. Par extension, le porteur de projet ne peut pas « créer pleinement son propre futur », pour reprendre les termes de Peter Drucker, sinon le futur deviendrait totalement prévisible puisqu'il ne dépendrait que du bon vouloir du porteur de projet.

Pour autant, ce n'est pas parce que le porteur de projet n'a pas de maîtrise sur le contexte dans lequel il évolue qu'il doit se contenter de regarder les événements arriver sans agir. Tout l'enjeu pour lui est de parvenir à tirer profit des événements inattendus qui transforment tout ou partie de son projet en cours. Pour cette raison, il est possible de défendre la thèse selon laquelle le porteur de projet choisit en partie son futur. S'il ne peut pas préjuger de la forme finale que prendra son projet, il conserve le pouvoir de décider des réponses qu'il apportera pour faire face aux aléas qui le parsèmeront.

Puisque l'environnement mute, il faut que le porteur de projet puisse conserver la liberté d'arrêter son projet s'il s'avère que cette décision est la meilleure. Continuer un projet qui manifestement conduit l'entreprise dans une impasse est une erreur trop souvent commise.

SAVOIR TUER SON PROJET

La case 11 du DMC interroge le porteur de projet sur sa volonté de continuer le projet ou, au contraire, de l'arrêter. Sa décision doit être prise au regard de l'analyse « bénéfices-risques » réalisée dans la case précédente. Si le porteur estime que les risques sont désormais trop élevés relativement aux bénéfices, alors il doit arrêter le projet. Si, au contraire, il évalue que les bénéfices espérés sont supérieurs aux coûts attendus, alors il doit continuer le projet.

Cette case a été pensée pour ne surtout pas laisser accroire qu'un projet doit obligatoirement être exécuté jusqu'à son terme. Les découvertes du porteur, consécutives à ses explorations, peuvent totalement remettre en cause le projet. Parfois, aucun ajustement sur le contenu du projet n'est possible. Dans ce cas, il est préférable d'arrêter.

Dans l'incertain, il est ainsi essentiel de laisser aux porteurs de projet la possibilité d'arrêter s'ils estiment que l'entreprise court à sa perte. Savoir tuer un projet est une qualité cruciale. Malheureusement elle est assez peu répandue dans les organisations. En effet, dans beaucoup d'entreprises les managers montrent des difficultés à tuer les projets parce qu'ils n'y ont pas forcément intérêt. Culturellement et sur le plan des incitations organisationnelles, les entreprises commettent alors généralement une double erreur : elles valorisent la persévérance de leurs managers et célèbrent leurs victoires. Incidemment, elles créent une incitation pour les managers à toujours continuer même si tout ce qui se passe autour d'eux devrait les conduire à arrêter.

Le corollaire à ne pas savoir stopper un projet est à la fois simple et grave : la persévérance des managers, recherchée par les entreprises, se transforme en obstination. Pour éviter cet écueil, il est préférable pour les entreprises de célébrer les initiatives, quels qu'en soient les résultats. Récompenser la prise de risque, en cas de succès mais aussi et surtout en cas d'échec, est certainement la meilleure manière de protéger l'entreprise contre les comportements jusqu'au-boutistes. En ne célébrant que les victoires, l'entreprise stigmatise les échecs. Elle crée une incitation à ne jamais arrêter les projets pour ne pas avoir à les déclarer comme des échecs. L'entreprise développe alors, au sein de ses équipes, une prédisposition à l'entêtement et à l'obstination.

LA MÉTHODE DES OPTIONS RÉELLES

Le DMC n'invite pas les porteurs de projet à évaluer les changements à opérer sur un plan financier. Ce choix est motivé par la volonté de rendre l'outil accessible à tous les porteurs de projet, quelles que soient leurs compétences. Il n'est donc pas nécessaire de calculer des ratios comptables pour statuer sur l'intérêt de continuer le projet ou de l'arrêter.

Pour autant, si l'outil est manipulé par un porteur de projet à la fibre comptable ou dans l'obligation d'associer une évaluation financière à son projet et ses évolutions, il est tout à fait acceptable de produire une analyse financière du projet. Dans ce cas, il est indispensable de ne surtout pas retenir la valeur actualisée nette (VAN) ou le taux de rentabilité interne (TRI) comme métriques pertinentes d'évaluation du projet. Dans un environnement incertain, ces deux ratios n'ont pas de sens car ils postulent une connaissance des flux de trésorerie nets futurs associés au projet. Or, l'incertitude empêche d'anticiper proprement les *cash-flows* à venir du projet.

Si le porteur souhaite se lancer dans ce genre d'exercice, il est préférable d'évaluer le projet avec la méthode des options réelles. Contrairement aux approches traditionnelles d'évaluation des projets (comme la VAN ou le TRI), cette méthode permet de prendre en considération les effets d'une gestion active du projet au cours du temps. Autrement dit, elle intègre les réponses que le porteur engagera face aux événements qui surviendront au cours du projet, ce qui est bien plus pertinent pour un projet qui évolue dans l'incertain.

Par exemple, si le porteur estime qu'il existe une possibilité de revendre certains des actifs acquis au cours de son projet, il peut intégrer dans son calcul une option que l'on appelle option d'abandon. Si la réussite du projet dépend du fait qu'il réussisse à passer plusieurs étapes qui sont autant de jalons où une décision de type « *go/no-go* » sera prise, le porteur peut prendre en considération cette caractéristique singulière du projet en intégrant dans son calcul d'évaluation des options que l'on appelle des options composées. Par ailleurs, si le porteur souhaite se laisser la possibilité d'investir davantage d'argent dans son projet en fonction de certains critères, il peut aussi le faire en intégrant dans son calcul d'évaluation des options que l'on appelle des options de croissance ou de changement d'échelle.

Cette méthode d'évaluation des projets par une analyse des options réelles est directement inspirée des méthodes utilisées en finance de marché. Les formules sont d'ailleurs dérivées des travaux de Fischer Black, Myron Scholes et Bob Merton qui ont obtenu le prix Nobel d'économie en 1997 pour leurs recherches sur le prix des options financières.

Si le porteur de projet n'est pas familier de ce genre de calculs, nous lui suggérons de ne pas se lancer dans une telle analyse comptable. Dans l'incertain, le bénéfice à produire une évaluation financière objectivée et stricte du projet reste assez faible, même en intégrant un jeu d'options pour rapprocher le calcul de la réalité du projet.

DÉCIDER, C'EST BIEN PLUS QUE CHOISIR

Dans cette case 11, le porteur doit faire un choix, à savoir arrêter ou continuer son projet. Notons toutefois que ce choix participe d'un processus de prise de décision plus général qui a été réfléchi depuis la première case du DMC.

Décider, c'est bien plus que choisir. Choisir consiste simplement à sélectionner une solution parmi un champ des possibles. Décider englobe en revanche tout le processus en amont qui a mis le porteur de projet en position de pouvoir trancher parmi les différentes options. Autrement dit, à cette étape du DMC, il est simplement demandé au porteur de projet de faire un choix, mais c'est l'outil tout entier qui lui a permis de décider.

Si nous reprenons les travaux d'Herbert Simon, il est possible d'affirmer que le porteur peut se contenter dans cette case 11 de faire un choix en sollicitant sa rationalité substantive. Autrement dit, pour faire le bon choix dans cette case, il lui suffit de revêtir les habits de l'*homo œconomicus*. Il doit simplement arbitrer froidement entre les différentes options qui se présentent à lui en cherchant simplement à optimiser sa situation. Cette attitude l'amènera ainsi à identifier l'alternative (en l'occurrence arrêter le projet ou le continuer) qui maximise ses chances d'atteindre son objectif.

En revanche, pour être certain de prendre la bonne décision concernant le projet qui évolue en environnement incertain, le porteur ne peut plus raisonner uniquement à l'intérieur de la case 11. Il faut qu'il considère l'usage qu'il a fait du DMC tout entier. La rationalité dont a fait preuve le porteur depuis le commencement du projet n'est plus « substantive » mais « procédurale » (pour reprendre les termes d'Herbert Simon). C'est-à-dire qu'en utilisant le DMC, éventuellement plusieurs fois de suite pour inscrire son projet dans une progression continue, le porteur structure un processus décisionnel pertinent qui lui permet d'évaluer de manière séquentielle les alternatives au fur et à mesure de leurs découvertes.

Finalement, pour faire le bon choix, il convient de procéder à une évaluation correcte des bénéfices et des risques de chaque option (continuer ou arrêter). En revanche, pour prendre la bonne décision concernant le projet dans l'incertain, le porteur de projet doit manipuler correctement l'ensemble du DMC. En suivant nos recommandations dans chaque case, le DMC lui confère alors l'assurance d'une grande rationalité procédurale.

Mise en pratique

Rendez-vous sur la case « Stop ou encore » de l'outil. Estimez la puissance relative des bénéfices et des risques engendrés par les changements à opérer sur le projet :

- si les bénéfices espérés vous semblent plus élevés que les coûts anticipés, inscrivez « Encore » dans la case ;
- si les bénéfices espérés vous semblent au contraire inférieurs aux coûts à venir sur le projet, écrivez « Stop » dans la case.

L'estimation des bénéfices et des risques produits par les changements à réaliser sur le projet ne nécessite pas de mettre en œuvre un appareillage comptable complexe. Cette évaluation doit se faire de manière subjective.

SUITE DU CAS

Pour mémoire, les changements à opérer sur le projet génèrent deux bénéfices : ils confèrent une originalité supplémentaire au projet et élargissent le champ des possibles en termes de business models. Les changements envisagés présentent également deux risques limités : un risque d'exécution et un risque de dépassement budgétaire. Notre expérience de ce genre de projet nous rend cependant confiants sur sa faisabilité. Quant au risque financier, nous pouvons mettre en place des stratégies opérationnelles frugales pour contenir les coûts du projet.

La case 11 du DMC nous demande formellement de prendre position sur le fait de continuer ou arrêter le projet.

La balance « bénéfices-risques » plaide incontestablement pour que nous continuions le projet en y intégrant les transformations discutées à la suite des explorations. Nous affirmons donc que le projet mérite d'être continué.

Notons que nous avons déjà eu l'expérience d'arrêter certains projets auparavant dans notre carrière. Nous sommes conscients qu'il est essentiel de savoir mettre un terme aux projets en perdition. Notre choix de continuer ce projet n'est alors pas consécutif à une éventuelle crainte des conséquences de son arrêt.

Nous choisissons de ne pas nous lancer dans une évaluation financière du projet pour statuer sur son prolongement. Une évaluation subjective des bénéfices et des risques nous semble être suffisante pour statuer sur l'intérêt à continuer le projet.

CASE 12

Nouveaux objectifs–nouvelles valeurs

Executive summary

- **Dans l'incertain, les porteurs de projet doivent suivre une démarche heuristique** au service de la compréhension progressive de l'environnement dans lequel évolue leur projet. Le DMC a vocation à accompagner et guider cette trajectoire de découverte graduée et continue.
- **Pour tirer pleinement parti de cet outil et conserver son sens**, il convient toutefois de l'utiliser comme un outil de « *problem solving* », de pilotage et d'apprentissage – cet outil peut en effet être facilement détourné comme un outil de « *problem design* », de reporting et de gestion – et de se souvenir à tout moment des attributs de l'incertain et des comportements qu'il promeut.
- **L'imprévisibilité des marchés change la nature de la prise de décision** qui doit désormais se fonder sur des postures d'humilité (*je sais que je ne sais pas*) et accorder un primat à la preuve, devant la croyance.

La douzième étape du DMC vient achever le premier tour de piste du porteur de projet. En suivant le canevas proposé par l'outil, il a beaucoup appris. Sur lui d'abord : le porteur a clarifié ses intentions mais surtout les valeurs qu'il défend avec son projet. Il a également fait le point sur ce qu'il savait et ne savait pas. Le porteur a ensuite appris sur son environnement. Non pas en produisant des analyses, de loin, sur la situation, mais en réalisant des explorations desquelles il a tiré des enseignements. Ses explorations lui ont permis de remettre en cause certaines de ses certitudes et elles lui ont surtout apporté de nouvelles informations sur le projet et son environnement. Ces apprentissages se sont traduits immédiatement et concrètement par des changements sur le projet. L'ambition est ainsi de rendre le projet « antifragile », de lui offrir la capacité de se nourrir des événements à venir.

Lorsque le porteur arrive à la case 12 du DMC, il a fait progresser son projet. Mais il peut encore l'enrichir en choisissant de suivre à nouveau les étapes proposées par le DMC. L'incertain est presque infini. L'environnement ne cesse de se transformer. Les projets peuvent donc continuellement évoluer et tenter de tirer avantage des changements de contexte. L'une des particularités du DMC réside alors dans son caractère fractal. La première fois, l'outil permet de dégrossir les idées fondatrices d'un projet dans l'incertain. Il amène le porteur à préciser les formes que pourrait prendre le projet. Lorsque le projet passe à nouveau par toutes les cases du DMC, il devient de plus en plus clair et se bonifie. À la troisième utilisation, le porteur de projet peut utiliser le DMC pour optimiser son projet et y apporter des changements toujours plus pointus.

RAPPEL DES PRÉCAUTIONS D'USAGE DU DMC

À l'instar de n'importe quel outil déployé en entreprise, le DMC pourrait facilement être détourné de son intention initiale. Au terme de la présentation de ces douze cases, il convient donc de rappeler quelques-unes des précautions d'usage à respecter pour préserver l'esprit de l'outil. Son efficacité et son intérêt en dépendent.

Le DMC est assurément un outil de *problem solving* et non de *problem design*. Un outil de *problem design* aide à penser, à intellectualiser ou à dimensionner les problèmes à résoudre. Les business plans appartiennent par exemple à cette catégorie d'outils. En les manipulant, le chef de projet se projette intellectuellement dans le temps ou dans l'espace et traite les problèmes avec des raisonnements logiques en sollicitant ses compétences analytiques. Ce type d'outil peut avoir un intérêt dans un monde stable où les relations entre variables sont connues mais perd de son sens dans un monde incertain.

Par opposition, un outil dit de *problem solving* aide les porteurs de projet à trouver des solutions avec un parti pris fort : les solutions sont découvertes au fur et à mesure de l'utilisation de l'outil. Autrement dit, l'outil accompagne et structure le cheminement de résolution de problèmes. Ces outils sollicitent souvent la créativité, la malice et la débrouillardise du porteur de projet. Ce type d'outil est indispensable dans un monde incertain puisque, dans un environnement imprévisible, tous les problèmes sont inédits. Il ne s'agit donc pas de les intellectualiser *ex nihilo*, mais de les découvrir d'abord, de les comprendre ensuite et de les résoudre enfin. On dit aussi de ces outils qu'ils sont des heuristiques.

Le DMC est également un outil de pilotage et non un outil de reporting. Les outils de reporting sont des outils qui servent à établir une discussion avec des tiers au projet pour leur rendre compte des avancées sur celui-ci. Par opposition, les outils de pilotage sont pensés au service du projet lui-même et non de sa communication. La meilleure utilisation que vous pourrez faire du DMC est donc de l'utiliser pour progresser dans l'incertain avec vos équipes. Il est déconseillé de vous en servir pour communiquer sur vos avancées.

Enfin, le DMC est un outil d'apprentissage et non un outil de gestion. Les outils de gestion sont des outils qui permettent une meilleure allocation ou organisation des ressources. En revanche, les outils d'apprentissage sont des outils qui permettent de faire progresser celui qui les manipule. Notons d'ailleurs que le DMC autorise des apprentissages collectifs tant que chacune de ses cases peut être mise en discussion et recueillir les représentations des différentes parties prenantes au projet.

Finalement, la case 12 du DMC est conclusive. Elle permet au porteur de projet d'exprimer les caractéristiques de son projet dans sa version la plus actuelle, c'est-à-dire après avoir été transformé par les actions menées et les réflexions produites depuis que le porteur s'est saisi de l'outil. Pour pouvoir mesurer la distance qui s'est fait jour entre le projet initial (avant l'utilisation de l'outil) et le projet actuel (après l'utilisation de l'outil), le DMC invite délibérément le porteur à exprimer les caractéristiques de son projet dans les mêmes termes que ceux de la case 1. Autrement dit, il est demandé au porteur de projet d'indiquer les objectifs de la nouvelle version de son projet, ainsi que les nouvelles valeurs qui le sous-tendent. Cette manière de décrire l'état du projet après les transformations opérées permet d'établir facilement des comparaisons avec la version initiale du projet et de mesurer ainsi le chemin parcouru. Remarquons d'ailleurs que la case 12 se situe juste à côté de la case 1, ce qui facilite les comparaisons entre les deux versions du projet.

Mise en pratique

Rendez-vous sur la case « Nouveaux objectifs-nouvelles valeurs » de l'outil :

- remplissez d'abord la partie « Nouveaux objectifs » en décrivant les nouvelles intentions que vous allez poursuivre à très court terme avec votre projet. Ces nouvelles intentions prennent la forme d'une reformulation, très éloignée ou très proche des objectifs énumérés dans la case 1 de l'outil. La distance de ces nouveaux objectifs à ceux présentés dans la case 1 ne dit rien de la qualité de vos explorations ou des apprentissages que vous avez faits sur votre projet. Sentez vous libre de décrire les nouveaux objectifs de votre projet sans considération pour leur écart avec les objectifs initiaux ;
- remplissez ensuite la partie « Nouvelles valeurs » en exposant les nouvelles valeurs qui sous-tendent votre projet. Il s'agit là d'indiquer les nouveaux partis pris de votre projet avec lesquels vous ne transigerez jamais, quels que soient les événements qui s'érigeront devant vous. De la même façon, la distance de ces nouvelles valeurs avec celles que vous aviez mentionnées dans la case 1 de l'outil n'a pas de signification particulière.

SUITE (ET FIN) DU CAS

Pour rappel, après avoir évalué les bénéfices et les risques associés aux changements à apporter à notre projet, nous avons choisi de le continuer.
La dernière case du DMC nous demande de reformuler les objectifs et les valeurs de la nouvelle version de notre projet.
Le principal objectif de la nouvelle version du projet est de « produire un outil d'aide à la décision prêt à l'emploi dans l'incertain ».
La nouvelle valeur fondatrice du projet réside dans la volonté d'« embarquer tout le savoir scientifique dans un outil pour offrir des solutions concrètes aux professionnels ».
Pour mémoire, la valeur que nous défendions au début du projet était de « vulgariser le savoir scientifique ». Nous la conservons plus que jamais. Cependant, nous poussons un cran plus loin cette valeur en précisant son intention. Par-delà le fait de rendre compréhensible et accessible l'état de l'art académique sur un sujet, nous souhaitons le proposer dans un format qui puisse rendre facile son usage. Autrement dit, nous souhaitons travailler sur la mise en forme des travaux de recherche de manière à ce que les professionnels puissent les utiliser sans effort. Nous ne cherchons donc plus seulement à rendre la science intelligible pour les praticiens, nous souhaitons la leur présenter dans un format manipulable, ce qui rajoute une exigence à notre projet initial.

Conclusion

Lorsque l'un des plus célèbres économistes américains, John Kenneth Galbraith, signale que « la seule fonction des prévisions économiques est de rendre l'astrologie respectable », nous sommes à la fin du XXe siècle. L'idée selon laquelle l'avenir du monde des affaires montre un caractère imprévisible reste donc relativement ancienne puisqu'elle date de plusieurs dizaines d'années.

Pour autant, cette incapacité des agents à prévoir précisément les événements futurs ne les empêchait pas, auparavant, de pouvoir estimer les probabilités approximatives de survenance des événements. Les entreprises évoluaient alors dans le monde du risque. Elles pouvaient légitimement rédiger des business plans, recourir à des stratégies de couverture de leur risque et plus généralement lancer des projets avec une forme de confiance dans le futur.

À partir des années 2000, notamment avec l'émergence du numérique, s'est opéré un changement paradigmatique. L'incertain a remplacé le risque. Le contexte économique dans lequel évoluent dorénavant les entreprises s'est brouillé. Il est devenu impossible d'estimer les probabilités d'occurrence des événements. Si bien que les agents économiques se retrouvent aujourd'hui placés devant une boîte noire dans beaucoup de situations de leur vie professionnelle. C'est tout particulièrement le cas lorsqu'ils conduisent un projet. Dans ces conditions, il faut renouveler les outils à leur disposition pour les aider à prendre les bonnes décisions dans un monde devenu flou, sans aucune visibilité.

Dans le premier tome de ses *Œuvres philosophiques*, Descartes indique qu'« il est impossible de se passer d'une méthode pour se mettre en quête de la vérité des choses ». Nous souscrivons pleinement à cette idée. Il se trouve que dans l'incertain, les vérités sont toutes à découvrir. Nous nous sommes donc attelés à construire une méthode. Elle tient en trois lettres : D, M, C, pour Decision Model Canvas.

L'une des vertus de cette méthode est de rassurer les agents en situation de devoir prendre une décision dans l'incertain. Ce n'est pas parce que les événements ne sont plus prévisibles qu'il n'existe plus de méthodes opérantes pour agir. Quand rien n'est prévisible, la seule chose qui perdure est au contraire la possibilité de se raccrocher à une méthode. Il ne faut surtout pas suivre les procédures d'avant car elles sont devenues obsolètes. Mais il est préférable d'adopter de nouveaux comportements cohérents avec les propriétés du nouvel environnement dans lequel évoluent les entreprises.

La méthode que nous livrons aux praticiens pour les aider à prendre de bonnes décisions dans un environnement incertain trouve une matérialité au travers du DMC. Toutefois, elle est surtout le résultat d'une longue réflexion et d'une trajectoire académique et professionnelle. Notre travail de chercheurs nous a amenés au cours du temps à étudier en profondeur un grand nombre d'articles et d'ouvrages scientifiques, à croiser les regards des différentes disciplines sur la question de la décision dans un environnement fait d'incertitudes et à réfléchir à leurs proximités. Certaines de ces proximités sont évidentes, s'inscrivant dans un même courant de recherche et donc dans une orthodoxie académique. D'autres ont été plus hardies à déceler et à assumer, surtout dans notre société où la porosité des frontières entre champs disciplinaires, monde académique et des affaires, est encore à fabriquer. Pourtant, rendre les frontières poreuses avec, bien évidemment, la rigueur épistémologique qui s'impose, est aussi une façon d'avancer chemin faisant, en enrichissant chacun des mondes.

La manière dont nous avons ordonné les travaux de recherche sélectionnés et la façon de les agencer en forme de méthode se sont opérées pas à pas dans notre propre cheminement pavé de l'étude de travaux académiques et de nos observations et interventions en entreprise, de l'observation de nombreux outils de gestion mobilisés ces dernières années dans les organisations – des cartes *kanban* et modes de gestion visuelle, des méthodes agiles qui forcent les interactions et jonchent le déroulement du projet de rituels de rencontre entre membres des équipes, du *business model canvas* qui force la complétude de la réflexion… Autant d'outils qui ont ouvert la voie et l'enjeu d'un outil partagé : un « objet frontière » de différents mondes. De l'observation au plus près des transformations en entreprise portées par le numérique, nous avons analysé les biais cognitifs attachés à un monde ancien, l'enjeu de forcer ses intuitions et ses propres apprentissages afin de se construire une intelligence des possibles. S'ancrer sur ses valeurs, questionner tout autant ses certitudes que ses incertitudes dans l'action et l'interaction avec les connaissances acquises et avancer ainsi pour « déplier l'incertain » et construire le chemin.

Dans ce livre, nous avons mobilisé un grand nombre de concepts issus des travaux académiques publiés sur le thème de l'incertain par différentes disciplines scientifiques. Nous avons pris soin de définir ces concepts et de préciser leurs intérêts pour les praticiens. Au terme de cet ouvrage, nous vous proposons un résumé général de la manière dont il convient de traiter un projet dans l'incertain en employant les termes d'experts que nous avons préalablement définis tout au long de la présentation du DMC.

Vous pouvez tout à fait vous saisir de ce résumé comme d'un test. Si vous comprenez ce qui se cache derrière tous les termes techniques employés dans le prochain paragraphe, alors vous pouvez considérer que vous maîtrisez le DMC. Pour vous aider dans la lecture de ce dernier passage de l'ouvrage, nous avons mis en italique et en gras toutes les notions et noms des auteurs avec lesquels il faut que vous soyez à l'aise pour pouvoir utiliser notre outil d'aide à la décision dans l'incertain.

Si vous avez un projet dans l'incertain au sens de ***Frank Knight***, le DMC est un outil parfaitement adapté pour vous aider à prendre les bonnes décisions. Vous allez pouvoir ***débiaiser*** votre prise de décision en évitant tous les ***biais cognitifs*** énumérés par ***Daniel Kahneman***, notamment le ***biais de substitution*** et le ***biais de disponibilité***. Pour l'utiliser, rien de plus simple : il vous suffit de prendre une feuille puis de la plier pour en faire un avion en origami. En la dépliant, vous obtiendrez les douze cases à remplir pour prendre les bonnes décisions pour votre projet. La première étape pour commencer à manipuler le DMC consiste ainsi à clarifier vos objectifs et les valeurs de votre projet. Conformément aux travaux d'***Icek Ajzen***, ***Albert Shapero, Lisa Sokol*** et ***Norris Kruger***, vous devez vérifier que les valeurs de votre projet correspondent bien à la ***norme sociale***, c'est-à-dire aux valeurs du collectif qui le porte. Vous devez aussi effectuer le ***test d'inversion des valeurs*** pour savoir si ces valeurs sont fortes ou faibles. Ensuite, vous passez à l'étape suivante. Vous devez énumérer vos certitudes. Là, vous devez éviter quatre pièges majeurs que sont le ***biais des survivants***, l'***effet cigogne***, le « ***post hoc ergo propter hoc*** » et le ***paradoxe du faux-positif***. Cela vous permettra de distinguer ce que vous savez et ce que vous croyez savoir. Sachant que dans un monde de ***longue traine***, la confusion est courante. À l'étape suivante, vous devez repérer où sont vos ***angles morts*** sur le projet. Conformément à la célèbre phrase de ***Donald Rumsfeld***, il s'agit de distinguer sur le projet les « ***inconnues connues*** », les « ***inconnues inconnues*** » et les « ***connues inconnues*** ». Notez que si vous avez des difficultés à remplir cette case sur les angles morts de votre projet, c'est certainement parce que vous êtes victime de l'***effet Dunning-Kruger***. À l'étape suivante, vous devez faire des explorations au sens d'***Herbert Simon*** et de ***James March*** et vous préserver du ***syndrome du lampadaire*** pour choisir les bonnes explorations à réaliser sur votre projet. N'hésitez pas à faire appel à votre ***pensée divergente*** au sens de ***Joy Paul Guilford*** et non à votre ***pensée convergente*** au sens de ***Karl Duncker***. Par ailleurs, n'oubliez pas de solliciter votre réseau pour demander à vos amis ou collègues leurs avis sur le projet et suivre les conseils de ***Saras Sarasvathy*** sur la dynamique d'***effectuation*** dans laquelle vous devez inscrire votre projet. À l'étape suivante, vous devez dire quelles sont vos attentes sur vos actions d'explorations. Conformément aux recommandations d'***Edwards Deming***, vous devez aussi préciser quelles sont les métriques que vous allez utiliser pour évaluer si vos attentes ont été satisfaites. Prenez soin de choisir des métriques qui ne vous font pas tomber dans la ***loi de Goodhart***. Choisissez ensuite un agenda pour vos explorations. Servez-vous du concept de ***menace crédible*** en ***théorie des jeux*** pour déterminer les bonnes dates butoirs. Faites en sorte que ces dates vous permettent d'être ***engagés*** par votre projet plutôt que de simplement y ***participer***. Ensuite, vous réalisez vos explorations. Une fois ces explorations effectuées, vous revenez pour remplir la partie droite du DMC. Vous devez signaler les apprentissages dont vous avez bénéficié sur vos certitudes. À ce stade, vous devez porter une attention particulière aux ***apprentissages contre-intuitifs***. Faites surtout attention à ne pas être pris par l'***effet d'occultation***. Ensuite, vous devez dire ce que vous avez appris sur vos angles morts. À l'image des habitants de l'***Extremistan*** et conformément à la définition qui en a été donnée par ***Nassim Taleb***, vous devez être attentif aux ***cygnes noirs***. Vous devez aussi éviter de vous perdre dans le ***paradoxe d'Icare***, surtout si votre projet est porté au sein d'un grand groupe. Après cela vous devez énumérer les changements à apporter sur votre projet et ***réinitialiser votre boussole*** conformément aux recommandations de ***Dan Ariely***. Puis, vous devez produire une étude approfondie des bénéfices et des risques associés à ces changements. Vous devez simplement faire preuve de ***conscienciosité*** au sens du modèle ***Big Five***. Ainsi vous verrez si votre projet devient « ***antifragile*** » grâce à vos changements. Pour cela, évitez les changements susceptibles d'engendrer des ***coûts irrécupérables*** et raisonnez en ***pertes acceptables***. Avant dernière étape, vous devez choisir de continuer votre projet ou de l'arrêter. Si vous avez des compétences en finance d'entreprise, vous pouvez toujours objectiver les risques et les bénéfices énumérés dans la case précédente. Mais dans ce cas, vous devez absolument utiliser la ***méthode des options réelles*** et non la ***VAN*** ou le ***TRI***. Si vous n'avez pas de compétence financière, ne cherchez pas à calculer des ratios comptables pour tenter de motiver votre choix de continuer (ou pas) votre projet. Notez simplement qu'à ce stade du projet, il vous suffit de ***choisir*** et non de ***décider***. Vous devez donc faire preuve d'une ***rationalité procédurale*** et non d'une ***rationalité substantive***. Enfin, dernière étape, si vous décidez de continuer, alors il vous faut reformuler les nouveaux objectifs de votre projet et ses nouvelles valeurs.

Les mondes académiques et professionnels peuvent parfois éprouver des difficultés pour se comprendre et demeurer, malheureusement, à distance l'un de l'autre. Si la méthode présentée dans cet ouvrage se nourrit des dernières avancées de la recherche en sciences sociales, elle vise clairement les professionnels. À ce titre, le présent livre est un pont sur lequel peuvent se rejoindre les chercheurs et les praticiens. Il ne pourrait en réalité en être autrement en raison du sujet abordé.

Nous avons besoin de toutes les bonnes volontés, d'où qu'elles viennent, pour progresser sur les problématiques posées par l'incertain. Chacun d'entre nous est confronté à des situations de plus en plus incertaines. Nous devons donc tous, académiques et professionnels, tenter de progresser sur ce sujet dont l'une des particularités est d'être encore en construction. Nous espérons ainsi avoir ouvert une brèche qui incitera d'autres chercheurs et d'autres professionnels à prolonger ce travail ou à l'enrichir avec des outils complémentaires.

Bibliographie

AJZEN I., « The Theory of Planned Behavior », *Organizational Behavior and Human Decision Processes*, vol. 50, n° 2, 1991, p. 179-211.

ALLARD T., DUNN L. H., WHITE K., « Negative Reviews, Positive Impact: Consumer Empathetic Responding to Unfair Word of Mouth », *Journal of Marketing*, vol. 84, n° 4, 2020, p. 86-108.

ARIELY D., *Toute la vérité (ou presque) sur la malhonnêteté*, Harper Collins, 2012.

DUNNING D., KRUGER J., « Unskilled and Unaware of It: How Difficulties in Recognizing One's Own Incompetence Lead to Inflated Self-Assessments », *Journal of Personality and Social Psychology*, vol. 77, n° 6, 2000, p. 1121-1134.

FERNANDEZ V., HOUY T., KHALIL K., *Les méthodes agiles de développement informatique*, Presses des Mines, 2013.

HOUY T., *Le demi-tour numérique*, Première Édition, 2019.

JAGELKA T., « Preferences, Ability, and Personality: Understanding Decision-Making Under Risk and Delay », thèse de doctorat, 2019.

KNIGHT F., *Risk, Uncertainty and Profit*, University of Illinois at Urbana-Champaign's Academy for Entrepreneurial Leadership Historical Research Reference in Entrepreneurship, 1921.

KRUEGER N. F., « The Impact of Prior Entrepreneurial Exposure on Perceptions of New Venture Feasibility and Desirability », *Entrepreneurship Theory & Practice*, vol. 18, n° 1, 1993, p. 5-20.

MARCH J., « Exploration and Exploitation in Organizational Learning », *Organization Science*, vol. 2, n° 1, 1991, p. 71-87.

MILLER D., *The Icarus Paradox: How Exceptional Companies Bring About Their Own Downfall,* Harper Business, 1990.

NEUMANN J. (VON), MORGENSTERN O., *The Theory of Games and Economic Behavior,* Princeton University Press, 1944.

Osterwalder A., Pigneur Y., *Business Model Nouvelle Génération*, Pearson, 2011.

Sarasvathy S., « Causation and Effectuation: Toward a Theoretical Shift From Economic Inevitability to Entrepreneurial Contingency », *Academy of Management Review*, vol. 26, n° 2, 2001, p. 243-263.

Sarasvathy S., « What Makes Entrepreneurs Entrepreneurial? », *SSRN 909038*, 2008.

Shapero A., Sokol L., « The Social Dimension of Entrepreneurship », *The Encyclopedia of Entrepreneurship*, Prentice Hall, 1982.

Taleb N. N., *Le cygne noir*, Les Belles Lettres, 2007.

Tallon J. M., Vergnaud J. C., « Incertitude en économie de l'environnement », *Revue française d'économie*, vol. 22, n° 2, 2007, p. 3-56.

DMC appliqué au cas déroulé tout au long du livre

À découvrir dans la même collection

87273 - (I) - COR 90 - NOC - NRI
Dépôt légal : octobre 2024 - N° 202408.0168

Achevé d'impression par Imprimerie CHIRAT
42540 Saint-Just-la-Pendue
Imprimé en France